Ekkehard Graf · Markus Schanz

DER BISS
DER KOBRA

Neue Geschichten zum Staunen,
wie Gott in Indien wirkt

W0083997

BRUNNEN
Verlag GmbH · Giessen

Dr. Ekkehard Graf und Markus Schanz sind in der Leitungsverantwortung bei „Kinderheim Nethanja Narsapur – Christliche Mission Indien e.V."

Beide sind verheiratet, Väter erwachsener Kinder und Pfarrer der württembergischen Landeskirche, Graf als Dekan in Marbach am Neckar, Schanz als Pfarrer in Flein nahe Heilbronn.
Beide haben dieselbe Leidenschaft für Indien und sind überzeugt: „Die indischen Christen stecken uns an mit ihrer Glaubenskraft!" *www.nethanja-indien.de*

© 2021 Brunnen Verlag GmbH, Gießen
Lektorat: Petra Hahn-Lütjen
Umschlagfoto: Adobe Stock
Umschlaggestaltung: Jonathan Maul
Satz: DTP Brunnen
Herstellung: CPI book GmbH
Gedruckt in Deutschland
ISBN Buch 978-3-7655-2121-8
ISBN E-Book 978-3-7655-7602-7
www.brunnen-verlag.de

INHALT

WIR KOMMEN AUS DEM STAUNEN NICHT HERAUS

Immer wenn wir unsere indischen Partner besuchen, kommen wir ins Staunen, wie viel die Christen der Nethanja-Kirche direkt mit Gott erleben. Dort trägt sich zu, was auch von Jesus in den Evangelien berichtet wird: „Blinde sehen, Lahme gehen, Aussätzige werden geheilt, Taube hören, Tote werden auferweckt und den Armen wird Gottes gute Botschaft verkündet."

Dabei sind die Christen dort überhaupt nicht auf Sensationen aus.

Im Gegenteil, ihr Leben in der Nachfolge Jesu ist oft geprägt von Armut und Ausgrenzung. Doch sie leben als Christen der ersten und zweiten Generation in einer ganz unmittelbaren Beziehung zu Jesus. Und daraus ergeben sich oft Situationen, in denen sie Gottes Eingreifen sehr direkt erleben. Davon haben uns Pastoren, Bibelfrauen und andere Christen der Nethanja-Kirche berichtet, wir haben nur gestaunt und einfach mitgeschrieben, damit wir davon auch in Europa weitersagen können, wie Gott in Indien wirkt.

Auch bei uns in Deutschland erleben Christen Wunder, die Gott wirkt. Aber wir erzählen davon selten anderen weiter. Deshalb wollen wir uns von den Berichten aus der Nethanja-Kirche inspirieren und ermutigen lassen, öfter Gottes Hilfe zu erwarten und diese dann auch anderen zu bezeugen.

Wir bei „Kinderheim Nethanja Narsapur – Christliche Mission Indien" haben in den Jahren 2020 und 2021 auch Wunder erlebt. War zu Beginn der weltweiten Corona-Pandemie zu befürchten, dass die Spendenbereitschaft nachlassen würde, obwohl gerade jetzt so bittere Not in Indien herrschte, so hat uns Gott eines Besseren belehrt. In nie gekanntem Maß wurden uns Spenden für Indien gegeben, die wir dann sofort weiterleiten konnten, wodurch viele Menschen buchstäblich vor dem Hungertod bewahrt wurden. Ja, Gott wirkt – weltweit!

Nun wünschen wir eine anregende Lektüre, die Einblick gibt in das Leben der Christen auf dem indischen Subkontinent und zugleich dazu führt, Gott dafür zu danken.

Ekkehard Graf und Markus Schanz
Frühjahr 2021

STÄRKER ALS DER BISS DER KOBRA

Jesus sagte: „Es ist wahr, ich habe euch Vollmacht gegeben, auf Schlangen und Skorpione zu treten und die ganze Macht des Feindes zu überwinden, und nichts wird euch schaden können. Doch nicht darüber sollt ihr euch freuen, dass euch die Geister gehorchen. Freut euch vielmehr, dass eure Namen im Himmel aufgeschrieben sind.“

Lukas 10,19-20

Ich bin Pastor Josef und wohne mit meiner Familie im Dschungelgebiet der Eastern Ghats in dem Dorf Tulabadigedda. Wir haben vor einiger Zeit dieses Dorf neu gegründet als Ort für Christen, die in ihrer Heimat verfolgt und ausgestoßen werden. 35 Familien kamen aus verschiedenen Dörfern hierher. Obwohl wir aus ganz verschiedenen Stämmen sind und ganz unterschiedliche Muttersprachen haben, sind wir doch eins in Jesus Christus und sprechen dieselbe Sprache des Herzens. Natürlich können wir uns auch in unserer Landessprache Telugu untereinander verständigen.

Weil es sich in der Gegend herumgesprochen hat, dass unser Dorf offen ist für Flüchtlinge, egal woher jemand kommt oder welcher Religion man angehört, wohnen auch ein paar Leute hier, die keine Christen sind. Sie sind dankbar, dass sie bei uns Frieden gefunden haben. Aber nicht alle in unserer Gegend freuen sich über uns. Vor einiger Zeit haben radikale

Hindus unsere Wasserversorgung unterbrochen, indem sie die Wasserleitung blockiert haben, die vom Reservoir aus Trinkwasser ins Dorf führt. Seither müssen wir von weit her unser Wasser holen.

Vor ein paar Monaten zog mein alt gewordener Vater zu mir. In unserem Heimatdorf war er der Medizinmann, der die Leute lehrte, an die Naturgötter zu glauben. Ich bin damals als Einziger von unserer Familie zum Glauben an Jesus Christus gekommen. Mein Vater und alle anderen waren völlig dagegen, sodass ich schließlich meine Heimat verlassen musste. Aber als Kinder Gottes haben wir immer eine Heimat im Himmel und auch eine neue Familie auf der Erde.

Ich habe dann meine liebe Frau geheiratet und das Nethanja Bible College besucht. Und nun leben wir hier in dem christlichen Dorf, das umgeben ist von vielen, die uns und unseren Glauben ablehnen. Dass mein Vater jetzt zu uns kam, machte alles schwieriger, denn obwohl er auf unsere Hilfe angewiesen war, versuchte er, meine Arbeit als Pastor durcheinanderzubringen.

Neulich wurde unser Sohn Paul im Dschungel von einer Kobra gebissen. Das Gift begann rasch zu wirken, es stand sichtbar schlecht um ihn. Weil wir hier im höher gelegenen Dschungelgebiet kein Krankenhaus und auch keine Ärzte haben, sind wir mit Paul in einer Autoriksha runter in die Tiefebene zum Krankenhaus in Narsipatnam gefahren. Das waren für mich die längsten zwei Stunden Fahrt meines Lebens!

Die Straße macht unendlich viele Kurven und Paul hatte hohes Fieber. Doch im Krankenhaus konnte ihm nicht geholfen werden. Sie sagten, vielleicht gebe es Hilfe in einem teuren Spezialkrankenhaus in der Großstadt Visakhapatnam. Erschrocken und zugleich traurig standen wir mit unserem schwer kranken Sohn da. Dann entschieden wir, wieder nach Hause zu fahren. Zum einen war der Weg in die Großstadt immer noch weit, vor allem aber könnten wir eine solche spezielle Behandlung nie bezahlen.

In unserem Dorf angekommen, versammelten sich alle sofort bei unserem Haus und boten ihre Hilfe an. Mein Vater versuchte durch viele Zauberriten, seinen Enkel zu retten, gab aber schließlich auf.

Und wir als Jesus-Gemeinde, wir beteten. Beteten immer weiter. Pauls Füße waren unermesslich geschwollen, er wurde von einem hohen Fieber geplagt. Mal raste sein Herz sichtlich, dann wieder lag er apathisch still da. Wir beteten und flehten zu unserem Herrn, dass er seine Stärke erweisen möge. Er, der Schöpfer aller Kreatur, möge doch zeigen, dass er auch stärker ist als das Gift der Kobra. Viele vom Dorf haben mit uns gemeinsam gebetet und dabei auch gefastet. Und Jesus zeigte seine Macht: Das Gift verschwand aus meinem Sohn, er wurde ganz gesund!

Alle im Dorf freuten sich mit uns und wir feierten einen langen Dankgottesdienst. Mein Vater war ganz erstaunt und kam ins Nachdenken. Nach einigen Tagen fand auch er zum Glauben an Jesus. Nun sind wir alle gemeinsam Kinder Gottes! Und auch der Name meines Vaters ist nun im Himmel geschrieben.

Josef *ist Pastor in Tulabadigedda im Dschungelgebiet des Hochplateaus der Eastern Ghats. Es grenzt an den Silerdschungel, wo es weitere Nethanja-Gemeinden gibt.*

EIN GLAS WASSER UND EIN GEBET

Ist jemand von euch krank? Dann bitte er die Ältesten der Ge-
meinde zu sich, damit sie für ihn beten und ihn im Namen des
Herrn mit Öl salben. Ihr Gebet, im Glauben gesprochen, wird
dem Kranken Rettung bringen; der Herr wird ihn seine Hilfe
erfahren lassen. Und wenn er Sünden begangen hat, wird ihm
vergeben werden.

Jakobus 5,14-15

Ich heiße Jakob und stehe schon lange im Dienst für Jesus. Vor über dreißig Jahren kamen meine Frau und ich zum Glauben. Wir waren bei unserer Taufe die einzigen Christen in der Familie, weshalb uns viel Ablehnung und Widerstand entgegenschlugen. Aber wir erlebten mit großem
Staunen, dass über die Jahre hinweg alle unsere Verwandten ebenfalls
zum Glauben an Jesus Christus gefunden haben. Dies und viele andere
Erlebnisse mit unserem großen Gott lassen mich in meinem Auftrag für
Jesus und seine Kirche nicht müde werden. Es macht mir immer noch
jeden Tag große Freude.

Ich erlebe, wie wir durch die Kraft des Herrn Jesus Schwierigkeiten
überwinden. Böse Geister müssen weichen, wo wir den Namen Jesus be-
kennen. Und es gilt hier in der Gegend noch viele Dörfer mit dieser guten
Nachricht zu erreichen. Ich fühle mich nicht zu alt und habe immer noch
Kraft, vielen Menschen von der Kraft zu berichten, die uns Jesus schenkt.

Zum Beispiel lag neulich der Häuptling eines Dorfes im Sterben; zuvor hatte er seine Leitungsaufgabe viele Jahre lang gerecht und gut ausgeführt. Aber nun gab es keine Hilfe mehr, alle erwarteten, dass er bald sterben wird. Obwohl es in diesem Dorf keine Christen gibt, riefen mich seine Familienangehörigen, damit ich für ihn bete. Ich kam gerne und kniete neben der Liege des sichtlich schwachen Mannes und rief den Namen unseres Herrn Jesus an. Die Familie brachte noch ein letztes Glas Wasser, bevor es ans Sterben ging. Ich habe ihn gestützt und ihn unter Gebet von dem Wasser trinken lassen. Dann schlief er erschöpft ein, und ich verließ mit einem Segenswort die Hütte der Familie. Aber kaum dass ich gegangen war, hatte sich der Häuptling von seinem Lager erhoben und war vollkommen gesund. Er rief: „Wo ist der Mann, der für mich gebetet hat? Ich habe den Namen Jesus gehört!"

Am nächsten Tag wurde ich ein zweites Mal in das Dorf gerufen und durfte dem Häuptling, seiner Familie und allen Bewohnern Jesus als den starken Heiland, der vom Tod errettet, bezeugen. Kurz darauf ließen sich der Häuptling und fast alle Dorfbewohner taufen. So ist dort eine weitere christliche Gemeinde entstanden.

Doch leider kann ich meinen Bericht nicht mit diesem Happy End beenden. Denn seither ist es für die junge christliche Gemeinde sehr schwer. Die Kinder der Christen werden an den staatlichen Schulen diskriminiert, lokale Behörden verweigern ihnen die Rechte, die eigentlich allen Menschen zustehen. Die radikalen Hindus bekämpfen und diffamieren die Jesus-Gläubigen. Die Naxaliten, maoistische Rebellen, bekämpfen uns friedliebende Christen aufs Schärfste. Doch wir bleiben nicht allein in diesen Herausforderungen und Bedrängnissen. Die Gemeinschaft der evangelischen Nethanja-Kirche hier im Silerdschungel unterstützt diese junge Gemeinde, so gut es geht. Unter anderem dadurch, dass wir einen Pastor entsandt haben, der sich um die Christen des Dorfes kümmert. Er besucht alle Familien regelmäßig, um zu wissen, woran es mangelt und wer etwas braucht. Für die Kinder wurde eine

Tagesschule eingerichtet, in der sie in aller Freiheit lernen können, und sonntags gibt es für sie auch eine Sonntagsschule. In den Gottesdiensten wird viel gesungen und gebetet. Das Wort Gottes wird in den Lebensalltag hinein verkündigt. Und die Gemeinde wächst!

Zum Glauben kommen bedeutet bei uns, anderen Menschen ein Zeuge für Jesus zu sein. Bei uns stehen nicht das eigene Heil und eigene Vorteile im Vordergrund, sondern das Heil für andere! Unsere Gemeinden wachsen nicht zuerst deswegen, weil wir gute Prediger haben, sondern weil der Lebensstil der Getauften ein Zeugnis für Jesus ablegt.

Jakob *ist seit über 30 Jahren Christ und arbeitet im Silerdschungel. Man sieht ihm sein Alter inzwischen an, doch in der vor einigen Jahren gegründeten Siler Pastors' Fellowship wurde er von den Nethanja-Pastoren gerade aufgrund seines Alters und seiner Lebenserfahrung zum Vorsitzenden gewählt.*

ANGEKLAGT WEGEN GEWALTVERZICHT

Jesus erwiderte: „Ich sage euch: Jeder, der um meinetwillen und um des Evangeliums willen Haus, Brüder, Schwestern, Mutter, Vater, Kinder oder Äcker zurücklässt, bekommt alles hundertfach wieder: jetzt, in dieser Zeit, Häuser, Brüder, Schwestern, Mütter, Kinder und Äcker – wenn auch unter Verfolgungen – und in der kommenden Welt das ewige Leben.“

Markus 10,29-30

Durch Gottes Gnade wurde ich ein Jünger unseres Herrn Jesus Christus. Nach einer Bibelschulausbildung ging ich als Evangelist in die Dörfer meiner Stammesleute, um auch ihnen von der befreienden Botschaft zu berichten. Nach anfänglicher Skepsis kamen einige Familien zum Glauben an Jesus Christus und wir gründeten eine kleine Gemeinde im Dorf.

Vor einiger Zeit haben wir speziell für junge Leute drei Tage lang abendliche Jugendgottesdienste durchgeführt. Das aber weckte auch das Interesse der Naxaliten. Diese terroristische Bewegung versucht schon seit Jahrzehnten, die Macht in unserem Land an sich zu reißen. Aufgrund ihrer Ideologie sind sie generell gegen jede Form von Religion und staatliche Institutionen. Sie werden von manchen Leuten hier unterstützt, die meisten aber haben Angst vor ihnen. Die Polizei kann uns im Dschungel kaum vor ihnen schützen. Weil die Naxaliten oft junge Leute rekrutieren, wollten sie genau wissen, was wir in unseren Jugendgottesdiensten machen. Deshalb hatten sie ein Mädchen aus ihren Reihen als Spionin geschickt, die erkunden sollte, was bei uns gepredigt wird. Sie hat dann ihren Leuten berichtet, dass in den Gottesdiensten gegen todbringende Waffen geredet wird und dass Gottes Liebe stärker ist als alle Gewalt.

Daraufhin haben die Naxaliten unser Dorf acht Monate lang besetzt, die Bewohner durften es nicht mehr verlassen und mussten obendrein die Terroristen versorgen. Auf dem Dorfplatz haben sie ein sogenanntes „Volksgericht" einberufen und mich angeklagt; aber von den Dorfbewohnern, die mich alle gut kannten, durfte keiner daran teilnehmen, um mich zu verteidigen. Drei Anklagen wurden gegen mich vorgebracht:

1. Er hat gegen Gewalt gepredigt.
2. Viele Leute kommen gerne zu ihm in die Gottesdienste.
3. Er hat schon acht Gemeinden gegründet und viele wurden dadurch Christen.

Aufgrund dieser Anklagepunkte haben sie mich zum Feind ihrer „gerechten Bewegung" erklärt, weil sich aufgrund meines Dienstes kaum noch junge Leute ihnen anschließen. Sie haben mich zur Strafe fünfmal mit Stöcken geschlagen. Dabei habe ich an Jesus gedacht, dass auch er geschlagen wurde und dann sogar das Kreuz getragen hat.

Als sie überlegten, was sie als Nächstes mit mir machen, stand einer der Naxaliten auf und sagte: „Der Mann ist doch nicht gegen uns persönlich, sondern nur gegen unser Prinzip. Wenn sich aber so viele Leute ihm anschließen, dann muss hinter dieser Botschaft wohl etwas stecken!" Das beeindruckte das „Volksgericht" und sie beschlossen, nichts mehr gegen uns Christen zu unternehmen. Aber sie haben den Dorfrat gezwungen, uns Jesusleute aus dem Dorf zu vertreiben. Schon am nächsten Tag mussten wir alles aufgeben: unsere Felder und Häuser, unsere Heimat und die nichtchristlichen Verwandten. So sind wir weggegangen und haben einige Kilometer weiter ein neues Dorf gegründet, in dem es dadurch nur noch christliche Familien gab. Nach einiger Zeit hörten wir, dass die Naxaliten unser Heimatdorf endlich wieder verlassen haben. Wir warteten eine Zeit lang ab und überlegten, ob wir wieder zurückkehren. Doch dann beschlossen wir, in unserem neuen Dorf zu bleiben. Aber als wir die Verwandten in unserem früheren Dorf besuchten, staunten wir nicht schlecht. Denn inzwischen waren dort noch weitere Bewohner zum Glauben an Jesus Christus gekommen und haben bereits wieder eine kleine christliche Gemeinde gegründet! Gott sei alle Ehre!

Vantala Ramarao *ist Pastor und gehört zur Minderheit der animistischen Stammesleute, die die Urbevölkerung des indischen Subkontinents sind, aber zunehmend verdrängt und benachteiligt werden. Sein Dorf liegt so tief im Dschungel, dass er zehn Stunden zu Fuß laufen muss, um zu einer Straße mit Bushaltestelle zu gelangen.*

TROTZ KÖRPERLICHER SCHWÄCHE STARK

Der Herr hat zu mir gesagt: „Meine Gnade ist alles, was du brauchst, denn meine Kraft kommt gerade in der Schwachheit zur vollen Auswirkung." Daher will ich nun mit größter Freude und mehr als alles andere meine Schwachheiten rühmen, weil dann die Kraft von Christus in mir wohnt.

2. Korinther 12,9

Seit dem Jahr 1997 bin ich im Dienst für Jesus. Ich war schon früh zur Witwe geworden, was in unserer Gesellschaft immer noch ein großer Nachteil ist. Ich wollte mir das Leben nehmen … und es war mir fast gelungen. Der hinzugerufene Arzt hat gesagt: „Sie ist tot!" Aber in diesem Moment hat der Herr eingegriffen und mir direkt geholfen. Jesus hat mich gesund gemacht und seither bin ich eine Bibelfrau. Das heißt, ich bringe Gottes Liebe und Gottes gutes Wort zu den Menschen. Ich wurde auf der Pastorenkonferenz von Bischof Singh und Dr. Heiko Krimmer in meinen Dienst eingesetzt.

Seither hat der Herr viele Wunder getan. Wir Bibelfrauen haben den besonderen Auftrag, für die Kranken zu beten. Die Leute bringen ihre Kranken und legen sie vor unsere Kirche und wir beten für die Kranken. Das geschieht jeden Tag. Wir beten viel und erleben Wunder durch Gott, wodurch viele Menschen zum lebendigen Glauben an Jesus Christus finden. In unserer Gegend wachsen daher die Nethanja-Gemeinden, und immer wieder werden in den Nachbardörfern neue Gemeinden gegründet.

Vor Jahren gab es einen Mann, der sehr schwer krank war. Von ihm hatte der Arzt gesagt, dass er nicht überleben wird. Da bin ich mit meinem Team zu ihm gegangen und wir haben gebetet und er ist gesund geworden. Sofort hat er aus Dankbarkeit in seinem Dorf eine Gemeinde gegründet. Oder da war jener junge Mann, der arbeitslos geworden war. Voll depressiver Gedanken wollte er Selbstmord begehen. Als er an unserer Kirche vorbeilief, hörte er, wie ich gerade den anwesenden Frauen aus meinem eigenen Leben berichtete und was der Herr an mir getan hat. Ich erzählte, dass ich als Witwe mit zwei Kindern keine Hoffnung mehr hatte und mir das Leben nehmen wollte. Dass dann aber der Herr eingegriffen hat. Als der junge Mann dieses Zeugnis hörte, dachte er: „Warum soll ich als junger Mann Selbstmord begehen, nur weil ich keine Arbeit habe, wenn diese Frau keinen Selbstmord begangen hat, obwohl sie eine Witwe mit zwei Kindern ist?" So ist er zum Glauben an Jesus gekommen, und seither hilft er mir, die Gemeinden zu besuchen.

In den Dörfern haben leider noch immer viele Medizinmänner und Zauberer große Macht. Manchmal gelingt es ihnen, Leute zu heilen. Aber noch viel mehr bewirken sie großes Leid, indem sie Menschen verfluchen und in dämonische Gefangenschaft versetzen. Es sind vor allem junge Frauen, die davon betroffen sind. Aber viele dieser Mädchen kommen zu uns, denn sie wollen frei sein von diesen bösen Mächten. Da habe ich als mütterliche Frau einen besonders guten Zugang zu diesen jungen Frauen.

Auch Blinde und Gelähmte werden durch unser Gebet gesund. Da war zum Beispiel eine Frau aus einer wohlhabenden Familie, die gelähmt war; sie konnte nicht mehr laufen und auch sonst sich kaum bewegen. Nach vielen erfolglosen Behandlungen durch Ärzte, aber auch Medizinmänner, wurde sie zu unserer Kirche gebracht. Natürlich haben wir auch für sie gebetet und der Herr erhörte unser Beten. Die Frau wurde so geheilt, dass sie von da an auf ihren eigenen Beinen in unsere Gottesdienste kommen konnte. Sie erkannte schnell, dass unsere Hütte, in der wir uns versammeln, ziemlich baufällig und auch zu klein ist. Weil ihre Familie einen Zementhandel hat, hat sie eine große Spende gegeben, dank der wir eine größere Kirche bauen können. Nicht nur die Baumaterialien hat die Familie umsonst geliefert, sondern auch einen namhaften Geldbetrag, um die Kirche schön zu gestalten. Trotzdem bleiben wir eine arme Gemeinde – doch wir sind füreinander da, wo es nur geht. Zu uns gehört auch eine arme Familie mit sieben Kindern. Die Gemeinde unterstützt nun diese Familie, obwohl sie selbst arm ist, damit alle Kinder an die Schule und ans College gehen können. Ich staune immer wieder, wie die Liebe Gottes die Herzen der Glaubenden verändert. Denn sie waren zuvor alle Hindus. Da wird einem in Krankheit und Armut selten von anderen geholfen, weil es als das selbst zugezogene Schicksal gilt, wenn es einem nicht gut geht.

Im November 2019 wurde ich nach unserem Freitagabendgebet sehr krank und fiel in eine tiefe Ohnmacht. Als ich in der Nacht wieder zu mir kam, konnte ich nicht mehr sprechen. Als am Morgen meine Tochter zu mir kam, hat sie mich sofort zu einem Arzt gebracht. Der sagte, ich müsse ins Krankenhaus. Weil es inzwischen Samstagabend geworden war, beschloss meine Familie, mich vor Sonntag besser nicht ins Krankenhaus zu bringen, sondern lieber zu beten. Sie haben dann im Missionszentrum in Paradesipalem angerufen und Bescheid gegeben, so wurde dort und bei uns die ganze Nacht über für mich gebetet. Es stellte sich aber noch keine Besserung ein. So schaute meine Tochter, ob im Haus noch Geld ist, damit man mich doch noch ins Krankenhaus bringen kann. Aber ich hatte kein Geld mehr im Haus, weil ich alles für arme Menschen ausgegeben hatte.

Da erfuhr ein Nachbar davon und bot uns an, die Krankenhauskosten komplett zu übernehmen. Wir staunten, dass Gott unsere Gebete nun so ganz anders beantwortet hat. So kam ich ins Krankenhaus und wurde dort diagnostiziert und auf Schlaganfall behandelt. Ich wurde dadurch wieder stabiler, aber die behandelnde Ärztin warnte mich sehr davor, in den nächsten Wochen irgendetwas zu tun, ich bräuchte noch viel Ruhe.

Inzwischen aber hatte die Adventszeit begonnen und ich wollte so gerne an Weihnachten wieder aktiv mitwirken können, in den Festgottesdiensten und beim Gaben Austeilen an die Armen. Und unser gütiger Gott schenkte mir tatsächlich rechtzeitig wieder die volle Stärke. Das beeindruckte viele junge Leute, und durch mein Zeugnis in diesen Weihnachtstagen kamen etliche von ihnen zum Glauben. Das ist an Weihnachten sonst nicht der Fall, weil die jungen Leute eigentlich nur feiern wollen. Aber dieses Wunder meiner Heilung hat viele Herzen bewegt.

Dennoch spüre ich, dass meine Kräfte abnehmen. Aber ich weiß: Wenn es darauf ankommt, gibt mir der Herr die Kraft, die ich brauche, um ihm zu dienen. Danke für alle Unterstützung im Gebet!

Walli *ist Bibelfrau und arbeitet in der Stadt Vizianagaram, eine knappe Stunde vom Missionszentrum Paradesipalem entfernt. Sie wurde schon vor langer Zeit in die Verantwortung für viele andere Bibelfrauen berufen und ist damit als weibliche Supervisorin eine der wenigen Frauen in einer leitenden Funktion der Nethanja-Kirche.*

GESANDT UND GEHEILT

Erinnert euch immer wieder an die, die einst die Verantwortung für eure Gemeinde trugen und euch die Botschaft Gottes verkündeten. Haltet euch vor Augen, wie sie Gott bis ans Ende ihres Lebens vertrauten, und nehmt euch ihren Glauben zum Vorbild.

Hebräer 13,7

Ich bin inmitten der Dschungelhochebene im Gebiet der Stammesleute aufgewachsen. Ich gehöre zum Koti-Stamm und habe wie alle anderen dort die Naturgottheiten verehrt. Besonders die heiligen Wasserfälle haben uns einen Eindruck vermittelt, dass die Götter in der Schönheit und Macht der Natur wohnen. Aber diese Götter „zeigen oft auch ihre harte Seite". So sagte man hier immer, wenn Unwetter tobten oder eine strenge Hitzeperiode die Ernte vernichtete. Dann hieß es, der Zorn der Götter müsse mit Opfern beschwichtigt werden. Noch in jungen Jahren habe ich das Mädchen Shanti geheiratet und wir bekamen eine Tochter, die wir Dwiti nannten.

Eines Tages kam ein Pastor der Nethanja-Kirche in unser Dorf und berichtete vom einzigen und wahren Gott, der alle Natur erschaffen hat und der alle Opfer beendet hat, weil er seinen einzigen Sohn als Opfer dahingegeben hat, um alle Menschen zu erlösen. Wie gut, das zu hören, dass Gott die Menschen liebt! Begierig nahm ich diese Botschaft auf und ließ mich nicht lange danach taufen. Ich entschied mich, einen christlichen Namen anzunehmen und wählte Amos, den Propheten des Alten Testaments, als meinen Namensgeber. Auch Shanti ließ sich taufen, aber sie behielt ihren Namen, denn der bedeutet Frieden. Sie sagte: „Das ist ein schöner Name, denn Jesus Christus ist unser Friede." Gott schenkte uns eine zweite Tochter, sie erhielt den biblischen Namen Salome.

Dann schickte uns der Pastor zum sechswöchigen Bibelkurs der Nethanja-Kirche nach Visakhapatnam. Begeistert studierte ich dort mit vielen anderen. Am liebsten wäre ich geblieben, um das ganze dreijährige Studium am Bible College zu machen. Aber wie sollte ich dann meine Frau und die beiden Töchter versorgen? Also stellte ich mich darauf ein, wieder nach Hause zurückzukehren und dort zu arbeiten, wenigstens nebenher könnte ich ja ehrenamtlich in der Gemeinde mitarbeiten. Kurz bevor mein Kurs zu Ende ging, kam eine Gruppe von deutschen Theologiestudenten als Gäste zur jährlichen großen Pastorenkonferenz mit Bischof Singh und Dr. Ekkehard Graf. Als wir uns bei einem Begegnungsabend kennenlernten und ich von unserer Situation erzählte, haben die Studenten spontan beschlossen, für diese drei Jahre für unseren Lebensunterhalt zu sorgen. Meine Frau und ich waren sehr bewegt, und so ist es dann tatsächlich gekommen. Jeden Monat kamen Überweisungen an die Nethanja-Kirche für unsere Wohnungsmiete und den täglichen Bedarf. Unsere Familie ist in dieser Zeit sogar gewachsen. Aus Freude über die Nethanja-Kirche bekam unser Sohn die Vornamen der drei Bischöfe: Pratap Singh Roy. Die Studienzeit war für mich herausfordernd, weil ich ja keinen höheren Schulabschluss hatte, aber es war ein Privileg, mich so intensiv mit dem Wort Gottes beschäftigen zu dürfen. Von unseren Lehrern habe ich sehr viel gelernt, nicht nur in der Theorie, sondern auch in der Praxis. Denn wir Studenten sind an jedem Mittwoch in die umliegenden Dörfer und in die Slumgebiete der Großstadt gefahren, um gemeinsam mit den dortigen Pastoren Menschen von Jesus und seiner Liebe zu den Menschen zu erzählen.

Nach dem Abschluss des Bible College kam ich als Assistant Pastor zu Reverend Santosh. Bei ihm lerne ich innerhalb von drei weiteren Jahren alles Praktische für den Dienst in der Gemeinde. Wir wohnen in Kottapalli, wo ich in seiner Gemeinde mitarbeite. Zusätzlich bin ich dabei, im 32 Kilometer entfernten Dorf Bodajuvee eine neue Gemeinde aufzubauen. Hier wohnen etwa 30 Familien, die ursprünglich zu drei verschiedenen Stämmen gehören. Aber weil ich in einem benachbarten Stamm aufgewachsen bin, verstehe ich ihre Sprache recht gut und kann ihnen das Evangelium in ihrer Muttersprache weitersagen. Die weite Entfernung dorthin kann ich zum Teil mit dem Motorrad zurücklegen, den Rest muss ich allerdings zu Fuß laufen, weil es keine Straße gibt. Ich gehe rechtzeitig zum Freitagabendgebet hin, mache samstags Hausbesuche und feiere sonntags den Gottesdienst. Danach kehre ich zu meiner Familie zurück.

Leider gibt es für die Christen im Dorf große Probleme. Die Stammesleute verlieren nämlich die staatliche Unterstützung, wenn sie Christen werden und sich taufen lassen. Das hält manche ab, sich klar für Jesus zu entscheiden. Zudem bedrohen mich immer wieder die terroristischen Naxaliten und verbieten mir die Verkündigung, weil ihnen das potenzielle Kämpfer abzieht. Aber ich mache trotzdem weiter.

Kurz nachdem ich das Bible College beendet hatte, hat mir Gott deutlich gezeigt, dass er mich in seinem Dienst haben will. Ich bekam nämlich schwere Bauchschmerzen, die sich bis in den rechten Arm erstreckten. Sie haben mich dann in eine kleine Krankenstation gebracht, wo es aber gerade keinen Arzt gab. Deshalb konnte mir dort nicht geholfen werden.

In diesen großen Schmerzen erinnerte ich mich an unseren Bischof Singh, an die Bibelschullehrer und auch an unsere deutschen Gastprediger, wie es in Hebräer 13,7 heißt: „Erinnert euch immer wieder an die, die einst die Verantwortung für eure Gemeinde trugen und euch die Botschaft Gottes verkündeten. Haltet euch vor Augen, wie sie Gott bis ans

Ende ihres Lebens vertrauten, und nehmt euch ihren Glauben zum Vorbild."

Ich habe dann meiner Lehrer gedacht und zu Gott gebetet. Und tatsächlich hat Gott mich geheilt – ohne jegliche Medizin! Seither habe ich nie wieder diese Schmerzen bekommen. Das ist für mich ein deutliches Zeichen, dass Jesus mich in seinem Dienst gebrauchen möchte. Wenn ich meine Aufgabe als Assistant Pastor beendet habe, möchte ich im Bereich des Koti-Stamms in Pusanapalli eine Gemeinde gründen, eine Kirchenhütte bauen, dann mit meiner Familie dorthin ziehen und ein eigenständiger Nethanja-Pastor werden. Danke, wenn ihr mich im Gebet begleitet!

Amos *konnte durch Theologiestudenten aus Deutschland finanziell mit einem Stipendium unterstützt das dreijährige Studium am Nethanja Bible College absolvieren. Nun arbeitet er als Assistant Pastor im Dschungelgebiet.*

KLARE PRIORITÄTEN

Bittet, so wird euch gegeben; suchet, so werdet ihr finden; klop-
fet an, so wird euch aufgetan. Denn wer da bittet, der emp-
fängt; und wer da sucht, der findet; und wer da anklopft, dem
wird aufgetan.

Lukas 11,9-10 (Luther)

Ich heiße Kasuamma und kam schon vor vielen Jahren bei einer Evangelisation zum Glauben an Jesus Christus. Dann war ich lange auf der
Suche nach einer guten Gemeinde, bis ich schließlich die Nethanja-
Kirche fand. Dafür bin ich dankbar: Ich gehöre nun schon seit 23 Jahren zur Gemeinde in Yarada, wo Suresh unser Pastor ist. Ich gehöre zu
den aktiven Mitarbeiterinnen bei den Gebetstreffen und mache viele
Hausbesuche. Ich bete oft und lange in unserer schönen Kirche, die wir
vor drei Jahren einweihen durften. Meistens bete ich auf den Knien,
weil ich dadurch schon rein äußerlich meine Haltung gegenüber unserem großen Gott ausdrücken kann. Zudem hilft es mir dabei, konzentriert zu beten.

Anfang letzten Jahres merkte ich nun, dass ich große Schmerzen beim
Knien habe. Als es schlimmer wurde, ging ich zu einer ärztlichen Untersuchung. Der Arzt sagte, dass man mich operieren müsse und dass ich
nach der Operation etwa sechs Wochen liegen müsse, erst im Krankenhaus, dann zu Hause. Ich rechnete schnell nach und merkte, dass ich

dann fast die ganze Fastenzeit von Aschermittwoch bis Karfreitag an keinem Gebetsabend dabei sein könnte. Aber auf diese für mich und viele andere Christen unserer Gemeinde so besonders wertvolle geistliche Zeit wollte ich nicht verzichten. Also sagte ich dem Arzt, dass ich die Schmerzen lieber noch eine Weile aushalten würde und dann nach Ostern zur Operation käme.

Gesagt, getan! Ich war die vierzig Tage der Fastenzeit bei jeder unserer Abendversammlungen dabei. Die fanden zum Teil in der Kirche und zum Teil vor den Häusern der Glaubensgeschwister statt. Ich habe auch gefastet und viel Zeit im Gebet verbracht, natürlich nun nicht immer auf den Knien. Das Erstaunliche dabei: Die Schmerzen wurden in dieser Zeit nicht stärker. Sie haben sogar nachgelassen. Gleich nach dem Osterfest, also am Ostermontag, meldete ich mich beim Arzt und sagte, dass ich nun für die Operation bereit sei. Der Arzt untersuchte mich noch einmal, dann sagte er völlig irritiert: „Alle Symptome sind verschwunden. Da gibt es nichts mehr zu operieren. Sie können nach Hause gehen!" Ich staunte und ging fröhlich wieder heim. Ich bin überzeugt: Der Herr hat mich durch die Gebetszeit geheilt! Seither kann ich wieder schmerzfrei auf meinen Knien beten und danke Gott jedes Mal für diese Heilung.

Und ich will noch von einer anderen Frau aus unserem Dorf berichten: Butschi hatte einen Witwer mit zwei Kindern geheiratet. Doch nach sechs Monaten wurde sie ständig von schlechten Träumen geplagt. Immer wieder erschien ihr im Traum die verstorbene Frau ihres Mannes und bedrohte sie. Sie wusste nicht, was sie dagegen tun sollte. Einmal war es so schlimm, dass sie voller Panik durch das Dorf rannte und sich im Meer ertränken wollte. Zum Glück haben ein paar Fischer am Strand sie davon abgehalten und nach Hause gebracht. Dort saß sie völlig verängstigt in ihrem Haus.

Das haben wir als Gemeinde mitbekommen und fingen an, für sie zu beten. Ich bin dann zu ihr hingegangen, habe sie getröstet und mit ihr gebetet. Zum Abschied schenkte ich ihr ein Kreuz und sagte, dass sie von nun an immer den Namen *Jesus* rufen soll, wenn sie wieder so schlimme Träume hat. Am nächsten Freitag beim Gebetsabend saßen plötzlich Butschi und ihr Mann hinten in der Kirche und hörten zu. Wir hatten sie noch gar nicht bemerkt und haben wie immer für sie gebetet, dass Jesus sie doch von dieser Bedrohung befreien möge. Das hat das Herz von Butschi und ihrem Mann so bewegt, dass sie am folgenden Sonntag in den Gottesdienst kamen. Und seither kommen sie ganz regelmäßig.

Butschi ergänzt diesen Bericht:

„Vor einiger Zeit habe ich große Probleme mit meinen Augen bekommen, ich konnte immer schlechter sehen. Das war für mich sehr schlimm, weil ich doch für die beiden Kinder meines Mannes eine gute Mutter sein wollte. Aber ohne etwas richtig zu sehen, ist es schwierig, Kinder zu erziehen. Im Krankenhaus sagten die Ärzte, dass ich operiert werden müsse. Doch ich fürchtete mich vor dieser Operation. Es könnte ja etwas schiefgehen und dann würde ich vielleicht gar nichts mehr sehen. Und mir war auch nicht klar, wie wir die Behandlungskosten bezahlen könnten. Ich ging dann jeden Tag in die Kirche und habe dort viel geweint und gebetet, auch die Gemeinde hat mit mir gebetet. Mit meinen Augen geschah etwas in dieser Zeit. Sie wurden nicht weiter schlechter, ganz im Gegenteil.

Als ich nochmals ins Krankenhaus ging, wurde ich wieder untersucht und ein Sehtest mit mir durchgeführt. Und alle waren überrascht, denn da waren keine Probleme mehr. Sie riefen noch einen Experten hinzu, der das ebenfalls bestätigte. Der Arzt, der die erste Diagnose gestellt hatte, sagte erstaunt: ‚Das ist ein Wunder. Das muss wohl euer Gott gemacht haben!'

Ja, Jesus kann auch heute noch heilen! Ich kann es bezeugen. Und nun möchte ich mich gerne taufen lassen!"

Kasuamma *und inzwischen auch* **Butschi** *gehören zur Nethanja-Gemeinde in Yarada, wo* **Suresh** *als Pastor arbeitet. Viele Freunde in Deutschland kennen Suresh, weil er schon mehrfach hier zu Besuch war und unsre Sprache versteht. Zudem ist er in vielen Aufgaben als Assistent von Bischof Singh tätig.*

DIE KIRCHE BLEIBT IM DORF

Die führenden Priester und der gesamte Hohe Rat suchten nun nach einer Zeugenaussage gegen Jesus, die es rechtfertigen würde, ihn zum Tod zu verurteilen; doch sie konnten nichts finden. Viele brachten zwar falsche Anschuldigungen gegen ihn vor, aber ihre Aussagen stimmten nicht überein.

Markus 14,55-56

Schon seit vielen Jahren sind wir eine kleine christliche Gemeinde in Gandhavaram. In unserem Dorf leben viele von der Landwirtschaft und es war bislang auch üblich, dass man sich gegenseitig geholfen hat. Doch in den letzten Jahren verändert sich in unserer Dorfgemeinschaft einiges, weil radikale Hindus versuchen, unseren Frieden zu zerstören. So geschah es im Jahr 2018, dass sonntagmorgens während unseres Gottesdienstes viele Dorfbewohner kamen und lautstark gegen uns Christen protestierten. Ich ging gleich nach draußen, um mit ihnen zu reden, aber sie haben mich zur Seite gestoßen und allen Christen in der Hütte zugerufen, dass sie schnell rauskommen sollen. Dann haben sie mit mitgebrachten Stangen, Pickeln und Schaufeln unsere Kirchenhütte zerstört. Wir standen fassungslos daneben, als einer ihrer Anführer erklärte: „Ab heute ist es verboten, hier noch Gottesdienste zu feiern, zu singen und von diesem Jesus zu erzählen!"

Am nächsten Tag wurde ich in den Dorfrat gerufen und sie haben mir gesagt, dass sie neben meiner Hütte anstelle der zerstörten Kirche bald einen Hindu-Tempel aufbauen werden. Als ich versuchte Protest einzulegen, weil das Grundstück rechtmäßig uns gehört, bedrohten sie mich, dass sie mich töten, wenn ich mich dagegen wehre. Dann haben sie mir gegenüber falsche Anschuldigungen erhoben und mich bei der Polizei angezeigt. Sie waren etwa siebzig Leute, und ich stand ganz allein vor dem Rat des Dorfes. Da habe ich mich an unseren Herrn Jesus erinnert, der ebenfalls durch falsche Anschuldigungen angeklagt werden sollte. Schließlich stellten sie mir ein Ultimatum, dass ich einen Monat Zeit habe, um meine Hütte und das ganze Dorf zu verlassen.

Meine Frau und ich wussten uns nicht zu helfen, doch verzweifeln wollten wir nicht. Leider hatten wir keinen schriftlichen Nachweis, dass das Grundstück der Nethanja-Kirche gehört. Es war schon vor zwanzig Jahren meinem Vater für die Gemeinde geschenkt worden. Doch wir waren gewiss: Auch wo es keine Papiere gibt, kann Gott immer noch helfen. Also haben wir angefangen zu beten. Dass wir einen Monat Zeit hätten, stimmte dann leider auch nicht. Nach einigen Tagen erschienen einige Männer und errichteten um das Gelände mit unserer Hütte und der zerstörten Kirche einen Zaun, sodass wir es gar nicht mehr verlassen konnten.

Doch plötzlich tauchte bei uns jener Mann auf, der damals unserer Gemeinde das Grundstück überlassen hatte. Woher auch immer er von unserer Not wusste, er kam jedenfalls genau im richtigen Moment und hat für klare Rechtsverhältnisse gesorgt. Der Dorfrat musste einsehen, dass wir dort weiterhin wohnen dürfen und dass auch das Kirchengebäude legal ist. Der Bauzaun musste entfernt werden, die Pläne für den Tempelbau waren zunichte und die Kirche durfte im Dorf bleiben. Mit vereinten Kräften haben wir wieder eine kleine Kirche errichtet, etwas größer und viel schöner als zuvor! Und manche aus dem Dorf, die dem ganzen Geschehen bisher neutral zugeschaut hatten, machten sich auf, um bei der feierlichen Einweihung unserer neuen Kirche dabei zu sein.

Sie hörten von Jesus, von der Würde eines jeden Menschen und von der Liebe Gottes, dank der wir neu anfangen können. Einige von ihnen kommen seither regelmäßig zu unseren Gottesdiensten.

Kurze Zeit später ereignete sich Folgendes:

Durga Prassad und seine Frau waren schon lange verheiratet, blieben aber kinderlos. Schließlich wurde sie doch schwanger, aber noch vor der Entbindung kam es zu Komplikationen. Als die Zeit der Geburt kam, setzten bei der Frau massive Blutungen ein, die nicht mehr aufhörten. Auch die mit Geburten erfahrenen Nachbarinnen wussten sich keinen Rat mehr. So blieb nur noch der Weg ins Krankenhaus. Sie ließen sich von einem Nachbarn mit seinem Ochsenkarren an die Hauptstraße bringen, von wo aus sie hofften, mit dem Bus oder einer Autorikscha weiterzukommen.

Zufällig traf ich sie dort an der Abzweigung zu unserem Dorf. Obwohl wir uns nicht näher kannten, bot ich meine Hilfe an, sie auf dem Weg zu begleiten. Tatsächlich gelang es, an der Straße eine Transport-Rikscha anzuhalten und die geschwächte Frau auf der Ladefläche zu transportieren. Es ist bei uns nicht ungewöhnlich, dass Menschen auf Ladepritschen reisen, aber bequem ist es natürlich nicht. Ihr Mann kniete auf der einen Seite, ich stützte sie von der anderen Seite, denn immer wieder fiel die Frau in Ohnmacht. Ich habe die ganze Zeit über für sie gebetet; mal laut, mal leise, je nachdem, was gerade angebracht war. Während wir über die Landstraße fuhren, sah ich, wie sich die untergehende Sonne auf der Wasseroberfläche eines Teichs spiegelte. Dieses Bild bewegte mich in meinem Beten sehr. Ich spürte, dass in diesem Moment der Heilige Geist mit mir sprach, und so sagte ich zu dem Ehepaar: „Habt keine Angst! Die Sonne der Gerechtigkeit und der Liebe Gottes wird auch über euch scheinen. Du wirst leben und einen gesunden Sohn zur Welt bringen!"

Endlich erreichten wir das Krankenhaus, aber die Ärzte machten sich Sorgen, weil die Frau schon so viel Blut verloren hatte. Sofort wurden ihr

Bluttransfusionen gegeben, und zwar in einer Menge, wie es die Ärzte dort noch nie erlebt hatten. Ich blieb noch eine Weile da und betete für das Ehepaar. Dann ging ich voll innerer Ruhe nach Hause, weil ich wusste, dass Gott Leben schenkt.

Die Frau erholte sich erstaunlich rasch und brachte einen gesunden Jungen zur Welt.

Als sie wieder daheim waren, besuchte die glückliche junge Familie erstmals unsere Kirche und dankte Gott, dass er ihnen das Leben und das Familienglück geschenkt hatte. Im November haben sich die beiden taufen lassen und christliche Namen angenommen. Er heißt jetzt Josef und sie Hepsiba. Und ihrem Sohn haben sie den Namen Immanuel gegeben, weil sie erfahren haben: Gott ist mit uns!

Und noch etwas muss ich berichten:

Neulich hatte ich das Gefühl, dass ich noch am späten Abend einen Hausbesuch bei Sampurna und ihren zwei Kindern machen muss. Sampurna gehört zur Gemeinde, aber die Not bei ihr zu Hause ist sehr groß: ihr Mann schlägt sie oft, sie sind sehr arm und haben selten genügend zu essen, dazu kommen noch hohe Schulden. Als ich anklopfte, hörte ich lange keine Antwort. Da rief ich, dass ich der Pastor bin und zum Beten komme. Ich öffnete die Tür und sah Sampurna auf einem Stuhl in der Mitte ihres kleinen Einraumhauses stehen. Sie wollte sich genau in diesem Moment das Leben nehmen, indem sie versuchte, sich am großen Deckenventilator zu erhängen. Sofort holte ich sie herunter und unter Tränen beteten wir zu Jesus. So wurde Sampurna bewahrt und die Familie fand ganz neu zu Jesus.

Ja, wir machen viele Besuche bei den Menschen. Und wir erleben oft, dass uns Gottes Geist genau in die richtigen Häuser führt!

Kristu Dasu *arbeitet schon lange als Pastor der Nethanja-Kirche. Seine Gemeinde ist in Gandhavaram, einem Dorf im Hinterland der Großstadt Visakhapatnam, etwa 25 Kilometer entfernt vom Nethanja-Missionszentrum.*

COVID-19 UND DIE HEILUNG

Selbst wenn Vater und Mutter mich verließen, der Herr nimmt mich dennoch auf.

Psalm 27,10

Satyavathi gehört schon seit Langem zu unserer Nethanja-Kirche im Dschungelgebiet. Aber leider wollte ihr Ehemann Sudhakar vom christlichen Glauben nie etwas wissen. Doch er hatte nichts dagegen, dass sie regelmäßig in unsere Gemeinde kam. Ihr großer Kummer war, dass sie lange nicht schwanger wurde. Wir hatten in unseren Gebetstreffen am Freitagabend regelmäßig für sie gebetet; umso größer war unser aller Freude, als sie in andere Umstände kam. Die Zeit der Schwangerschaft verlief ohne Komplikationen, aber die Familie ermutigte sie dennoch, zur Entbindung ins Krankenhaus zu gehen. So ging sie kurz vor dem Geburtstermin zu einer Untersuchung ins Krankenhaus, durchlief auch den gerade üblichen Coronatest und kehrte nach Hause zurück. Doch am nächsten Tag erhielt sie vom Krankenhaus einen Anruf mit der Mitteilung, dass sie COVID-19-positiv ist. Zudem wurde ihr mitgeteilt, dass sie aufgrund der Corona-Infektion nicht zur Entbindung ins Krankenhaus kommen dürfe. Sie begann laut zu weinen und die ganze Großfamilie war in Sorge.

Zu allem Unglück wies ihr eigener Ehemann sie aus der kleinen Wohnung, aus Sorge um seine alten Eltern, die im selben Haus wohnen, dass die auf keinen Fall angesteckt werden. So stand die hochschwangere und COVID-19-infizierte Satyavathi förmlich auf der Straße und wusste nicht mehr aus noch ein.

So kam sie verzweifelt zu uns. Wir haben kurzerhand für sie ein Bett in die Kirchenhütte gestellt und viele Gemeindeglieder haben sie reihum täglich mit Essen und allem Nötigen versorgt. Und wir haben abwechselnd rund um die Uhr für Satyavathi, ihr ungeborenes Kind und die ganze schwierige Situation gebetet. Traurig war, dass in diesen schweren Tagen niemand von ihrer Familie zu ihr kam oder sich wenigstens nach ihr erkundigte. Nicht ihre Eltern, auch nicht ihr Mann oder ihre Schwiegereltern. Aber die Frauen unseres Frauenkreises kamen in großer Treue bei ihr vorbei. Sie hielten den nötigen Abstand ein und trugen auch eine Mund-Nase-Bedeckung. Sie erinnerten Satyavathi an die bekannten Lieder, beteten mit ihr und lasen ihr aus der Bibel vor. Das gab ihr sichtbar neue Lebenskraft und auch ihr Glaube wurde sehr gestärkt. Als sie einmal miteinander einen der Psalmen beteten, rief sie laut: „Das ist wie bei mir! Hier heißt es: ‚Selbst wenn Vater und Mutter mich verließen, der Herr nimmt mich dennoch auf.' Hier im Haus Gottes, inmitten meiner lieben Schwestern, bin ich aufgenommen. Jetzt, wo mich sogar meine Familie in dieser schweren Krankheit verlassen hat." Und noch lauter und fröhlicher begann Satyavathi, Psalmen zu beten und Lieder zu singen.

Wir sahen nicht nur, wie sie in ihrem Glauben und in ihrer Hoffnung gestärkt wurde, wir staunten auch, dass sie kaum Corona-Symptome hatte. Hier hat Gott wirklich geholfen.

Dann kam die Zeit der Geburt. Weil sie weder ins Krankenhaus noch nach Hause konnte, holten wir sie in unser Zuhause, das kleine Pfarrhaus gleich neben der Kirchenhütte. Meine Frau, weitere erfahrene Frauen aus der Gemeinde und eine Hebamme standen Satyavathi bei. Das Baby und die Mutter erlebten eine bewahrte Geburt, weil Jesus seine Hand über sie gehalten hat. Nach einigen Tagen begleiteten wir sie ins Krankenhaus zur

Nachuntersuchung. Natürlich wurde sie gleich wieder auf Corona getestet – und nun fiel der Test negativ aus! Alles war gut geworden. Halleluja! Unser Herr ist so treu! Beide, Mutter und Kind, wurden bei der ärztlichen Untersuchung als vollkommen gesund befunden. Als sie wieder für einige Tage zu uns kam, bekannte sie: „Die Corona-Infektion hat mir eine wichtige Lektion erteilt. Ich liebe meine Familie. Aber ich sehe, welchen Stellenwert ich für Jesus und seine Gemeinde habe und welchen Stellenwert sie in meinem Leben haben. In der Not haben mir die Geschwister der Kirche beigestanden, nicht diejenigen, zu denen ich durch Geburt und Heirat gehöre. Ich habe in einem anderen Psalm noch ein Wort entdeckt, das genau das beschreibt, was ich erlebt habe: ‚Dies ist mein Trost in allem Leid, dass dein Zuspruch mir neue Lebenskraft gegeben hat‘" (Psalm 119,50).

Nach ein paar Tagen standen der Ehemann Sudhakar und seine Mutter vor unserer Türe und baten darum, mit Satyavathi zu sprechen. In diesem Gespräch gestanden sie ihren großen Fehler ein. Mit Tränen in den Augen bat der Mann seine Frau um Vergebung. Voller Freude legte Satyavathi ihm ihre Tochter in die Arme und nahm seine Entschuldigung an. Und sie erzählte ihm, wie Gott und die christliche Gemeinde sie beschützt und begleitet hatten. Dann machten sie sich gemeinsam auf und gingen zurück nach Hause. Am nächsten Sonntag kamen alle drei wieder, dieses Mal zum Gottesdienst. Der Ehemann war nun ganz offen für die gute Botschaft von der Vergebung und vom Neuanfang durch Jesus. Nach weiteren zwei Sonntagen sagte Sudhakar zu mir: „Pastor, ich habe jetzt erkannt, was mir bisher gefehlt hat und was ich bei meiner Frau insgeheim immer beneidet hatte: Frieden im Herzen und eine gesunde Seele. Ich möchte von jetzt an auch zu Jesus gehören. Bitte taufe mich bei der nächsten Gelegenheit!"

Ja, es war ein besonderes Wunder, dass ausgerechnet durch das gefährliche Corona-Virus eine ganze Familie Gottes Gnade erlebt hat!

Padmakara Rao *ist seit über dreißig Jahren Pastor der Nethanja-Kirche. Als Supervisor trägt er Mitverantwortung für andere Pastoren. Zudem ist er der Vorsitzende der Pastors' Fellowship im Dschungelgebiet Nagar Area.*

MARIA – ODER: WITWE MIT 21

*Ein Vater für die Waisen, ein Anwalt für die Witwen ist Gott
in seinem Heiligtum.*

Psalm 68,6

Maria ist eine junge Frau, gerade 21 Jahre alt, auf dem Arm hält sie ein kleines Mädchen – aber nach den Maßstäben der indischen Gesellschaft ist ihr Leben im Prinzip vorbei. Denn Maria ist Witwe. Aber Maria ist keine traurige Frau, sie hat ein bezauberndes Lächeln auf ihrem Gesicht, und das hat seine Gründe.

Maria wurde im indischen Bundesstaat Odisha (damals hieß er noch Orissa) geboren und ist die zweite von fünf Geschwistern. Als sie zehn Jahre alt war, starb ihr Vater. Ihre Mutter konnte die Familie nicht allein ernähren, und als Christen hatten sie keine Chance, Maria im dortigen staatlichen Kinderheim unterzubringen. Durch Vermittlung ihres Pastors konnte Maria ins Nethanja-Kinderheim nach Visakhapatnam kommen. Dort lebte sie sieben Jahre lang und ging bis zur 12. Klasse zur Schule.

In den Sommerferien besuchte sie ihre Mutter und ihre Geschwister in Odisha. Der Ältestenrat des Dorfes wurde auf sie aufmerksam und beschloss, sie zu verheiraten. So geschah es, ohne dass ihre Mutter es verhindern konnte. Sie heiratete den Mann, der ihr bestimmt wurde, und bekam ihre Tochter Kavya. Als Kavya zwei Jahre alt war, hatte ihr Mann einen Unfall. Mit seinem Motorrad kollidierte er mit einem Lastwagen und die Verletzungen waren so schwer, dass der Ehemann starb.

Dies veränderte das Leben von Maria radikal. Traditionell werden beim Tod von Männern ihre Ehefrauen als Unglücksbringerinnen angesehen, sie werden dementsprechend gekennzeichnet und in der Dorfgemeinschaft geächtet. Maria musste offiziell ihre Ehekette ablegen, die Haare wurden ihr abgeschnitten, und sie wurde dazu verpflichtet, den weißen Witwensari anzuziehen.

Zunächst versuchte sie ein Jahr lang, dieses Schicksal zu ertragen, aber es war sehr schwer für sie. Sie durfte noch nicht einmal zu ihrer Mutter ins Haus kommen, sondern musste bei den Kühen arbeiten und auch im Kuhstall schlafen. Gesellschaftlich war sie quasi für tot erklärt, sie durfte ihre ehemaligen Freunde und Altersgenossen nicht besuchen, durfte nicht teilnehmen an Feierlichkeiten wie Hochzeiten oder Feiern zur Namensgebung von neu geborenen Kindern.

Als Maria diese Situation nicht mehr ertragen konnte, nahm sie all ihren Mut zusammen, setzte sich zusammen mit ihrer Tochter in den Bus und machte sich auf die weite Reise nach Visakhapatnam zur Zentrale der Nethanja-Kirche. Zuerst bemühte sie sich um ein Gespräch mit Anand, dem Verantwortlichen für die Kinderheime. Er erkannte sie sofort wieder und versprach, sich ihrer Not anzunehmen. So brachte er sie zu Bischof Singh, den sie – wie viele Kinderheimkinder – „Daddy" nennt. Gemeinsam fanden sie eine Lösung für die junge Frau und ihre Tochter: Die beiden wohnen jetzt bei den jungen Bibelschülerinnen, Maria arbeitet in der Kinderheimküche mit und ihre Tochter Kavya besucht den Kindergarten und später die Schule der Nethanja-Kirche.

Der indischen Tradition gemäß sieht Bischof Singh sich auch in der Verantwortung, einen guten Ehemann für Maria zu finden. Er ist zuversichtlich, denn viele christliche Männer haben – entgegen dem alten Denken – verstanden, dass Witwen keine Unglücksbringer sind. Bestärkt in seiner Zuversicht wird Bischof Singh durch einen jungen Mann aus

Marias Heimat, der schon zweimal zu Besuch gekommen war und telefonisch mit Maria in Kontakt steht. Singh rechnet mit einer Hochzeit, wahrscheinlich in den kommenden Monaten.

Auch für Kavya ist auf jeden Fall gesorgt: Im Augenblick ist sie noch bei ihrer Mutter. Entweder sie kann bei einer neu entstehenden Familie leben, oder wenn sie an einen Ort ziehen werden, wo es keine gute Schule gibt, wird für Kavya immer ein Platz bei ihren Freundinnen im Nethanja-Mädchendorf sein.

Markus Schanz *ist Geschäftsführer des deutschen Unterstützervereins „Kinderheim Nethanja Narsapur / Christliche Mission Indien e.V.". Außerdem hat er einen halben Dienstauftrag als Gemeindepfarrer in Flein nahe Heilbronn.*

„SIEHE, DAS IST DEIN SOHN"

Als Jesus seine Mutter sah und neben ihr den Jünger, den er
besonders geliebt hatte, sagte er zu seiner Mutter: „Liebe Frau,
das ist jetzt dein Sohn!"

Johannes 19,26

Mit dem ersten Lockdown in der Corona-Pandemie Mitte März 2020 mussten auf staatliche Anordnung alle Kinderheime der Nethanja-Kirche sofort geschlossen werden. Die Kinder mussten in ihre Herkunftsorte zurückgebracht werden. Dort kamen die meisten einigermaßen unter, auch wenn teilweise entfernte Verwandte sie aufnehmen mussten, die selbst kaum das Nötigste zum Leben haben, oder bei nur einem Elternteil, der kaum für seine Kinder sorgen kann. Regelmäßig besuchten Mitarbeiterinnen und Mitarbeiter der Nethanja-Kirche alle Kinder, erkundigten sich nach deren Ergehen und brachten Lebensmittel und Schulaufgaben mit.

So wollte Bischof Singh Anfang 2021 auch bei Latha und ihren zwei Kindern vorbeischauen.

Latha ist seit langer Zeit HIV-positiv und hat oft nicht die Kraft, für ihre beiden Kinder zu sorgen. Trotz ihrer Krankheit muss sie jeden Tag für ihren Lebensunterhalt arbeiten. Der Vater der Kinder hat sie vor etlichen Jahren verlassen. Latha gehört zu einer niedrigen Kaste, deren Mitglieder meist Reinigungskräfte sind, und ist beschäftigt als Raumpflegerin in einem Gebäude der Stadtverwaltung. Sie ist Christin geworden, nachdem sie von einem schweren Fieber gesund geworden war, und besucht seither regelmäßig die Kirche in dem Slumgebiet, in dem sie lebt. Beide Kinder sind schon etliche Jahre in unserem Kinderheim und gehen an die christliche Nethanja-Schule, die Tochter Veni ist in der neunten Klasse, der Sohn Wamsi besucht die sechste Klasse.

Als der Bischof nun zu Latha nach Hause kam, um nach den Kindern zu schauen, stellte sie die Kinder im Haus vor ihm auf und bat ihn, sie wieder aufzunehmen, sobald das Kinderheim wieder öffnen darf. Aber Singh wurde gleich stutzig: „Wen hast du denn hier? Dieser Junge ist doch nicht dein Sohn Wamsi! Ich kenne unsere Kinderheimkinder, warum zeigst du mir ein anderes Kind?"

Unter vielen Tränen schüttete Latha ihr Herz aus und beichtete eine schlimme Geschichte. Im Herbst kam im Slum das Gerücht auf: Wamsi hat Corona! – Daraufhin wurde er von allen gemieden. Alle hatten Angst, ihm zu nahe zu kommen, niemand wollte mehr mit ihm spielen, mit ihm lernen, mit ihm zusammen sein. Diese Situation stürzte Wamsi in eine tiefe Depression. Immer wieder wurde der Junge laut und aggressiv, wehrte sich gegen den Verdacht, er habe Corona. Latha wusste sich kaum mehr zu helfen, wagte auch nicht, den Kinderheimmitarbeitern bei ihren Besuchen davon zu berichten. Es wurde so schlimm, dass sie keinen anderen Weg mehr wusste, als Wamsi in der Slumhütte einzusperren, wenn sie morgens zur Arbeit ging. Als sie eines Abends von der Arbeit zurückkam, machte sie eine schreckliche Entdeckung: Ihr Sohn hatte sich aus Verzweiflung das Leben genommen.

Die Mutter wusste nicht mehr aus noch ein und bat nahe Bekannte um Hilfe. In Indien besteht nach einem Todesfall nicht die Pflicht, dass ein Arzt den Totenschein ausstellt. Untersuchungen werden nur eingeleitet, wenn eine Anzeige erstattet wird. So verbrannten sie den Leichnam nach indischer Tradition, und es wurde nur bekannt, dass Wamsi gestorben sei, nicht aber die Ursache.

Latha plagte sich mit schweren Vorwürfen und Schuldgefühlen, sie dachte oft darüber nach, ihrem Sohn in den Tod zu folgen.

Schließlich vertraute Latha sich dem Pastor ihrer Gemeinde an. Er erzählte ihr von Jesus, der am Kreuz zu seiner Mutter und seinem Jünger gesagt hatte: „Das ist dein Sohn – das ist deine Mutter". Darin fand sie ersten Trost.

Eine Aufgabe und eine neue Perspektive fand sie darin, dass sie eine Bekannte begleitete, die ebenfalls an Aids litt und im Sterben lag. Deren Sohn Gopi – im selben Alter wie Wamsi – nahm sie schließlich auf Bitten der sterbenden Frau zu sich. Das war also der Junge, den sie Bischof Singh zeigte: der Junge, um den sie sich nun an Mutter statt kümmerte. Innig bat sie: „Bitte nehmt Gopi auf in die Schule und ins Kinderheim. Er soll die Lebensperspektive bekommen, die mein eigener Sohn nach diesem schrecklichen Corona-Jahr nicht mehr hat."

Im Februar 2021 konnten Kinderheime und Schulen wieder geöffnet werden – und Gopi wurde aufgenommen.

Latha leidet noch sehr unter den Ereignissen. Sie ist körperlich geschwächt durch ihre HIV-Infektion und seelisch durch die Trauer um Wamsi. Halt im Glauben gibt ihr immer wieder das Jesuswort: „Frau, das ist jetzt dein Sohn!"

Berichtet von **Markus Schanz.**

WISSEN SCHAFFT ZUKUNFT

Weise mir deinen Weg, Herr! Ich möchte in Treue zu dir mein
Leben führen.

Psalm 86,11

Januar 2018. In Kondalaagraharam bei Bischof Jeevan wird eine neue Projektidee besprochen: „Wissen schafft Zukunft." Es geht darum, dass arme, aber begabte indische Jugendliche nach ihrer Schulzeit in Indien nach Deutschland kommen, dort dual im IT-Bereich studieren, anschließend bei IT-Firmen einige Jahre Berufserfahrung sammeln, damit in die Heimat zurückkehren und später die nächste Generation der Nethanja-Kinder in Indien unterstützen.

Mit am Tisch sitzt Madhu Kasireddy, 38 Jahre alt, Doktor der Ingenieurwissenschaft, er arbeitet als Spezialist für radarbasierte Systeme für einen internationalen Konzern in Bangalore. Ein aufmerksamer Zuhörer, sehr bescheiden im Auftritt. Wenn er redet, dann mit sanfter Stimme, hervorragendem Englisch und hoher Kompetenz. Ein Satz von ihm lässt mich besonders aufhorchen: „Bischof Jeevan hat mich gebeten, hier dabei zu sein, da habe ich natürlich sofort einen Flug gebucht und mich auf die Reise gemacht."

Warum hat das für ihn eine so hohe Priorität?

Madhu erzählt seine Geschichte: „Ich stamme aus dem kleinen Dorf Vangasari bei Chintapalli im Bergland des Silerdschungels. Meine Eltern sind Hindus und unsere Familie ist sehr arm. Als ich acht Jahre alt war, brachte mein Vater mich und meine Schwester ins Kinderheim der Nethanja-Kirche. Er wusste zwar, dass es christlich geführt ist, aber das störte ihn nicht, denn wichtiger war ihm, dass seine Kinder dort eine gute Erziehung und Bildung bekommen. Ich habe das Leben im Kinderheim sehr geliebt. Dort hatte ich meine Freunde, ich fand die biblischen Geschichten spannend und lehrreich. Eigentlich beginnen meine Kindheitserinnerungen erst mit der Zeit im Kinderheim.

Besonders haben wir uns immer auf die Zeit um Weihnachten gefreut. Nicht nur, dass immer besonders liebevoll dekoriert wurde, dass es besonders gutes Essen gab und wir die Geschichten und Spielszenen in den Gottesdiensten mochten. Um diese Zeit kamen auch immer Gäste aus Deutschland. Sie waren sehr freundlich zu uns, nahmen sich Zeit für uns, brachten uns Lieder bei und ich lernte Dinge wie Mikado und Murmeln kennen – seither wuchs in mir der Wunsch, selbst einmal Deutschland zu besuchen.

Nach der 10. Klasse verließ ich das Kinderheim und war auf mich selbst gestellt, da ich weiter lernen und studieren wollte. Damals wurde mir noch stärker bewusst, wie gut ich es in meiner Zeit im Kinderheim gehabt hatte. Dort war eine sehr geschützte Atmosphäre, die Mitarbeiter und Lehrkräfte kümmerten sich liebevoll um uns. Auch geistlich wuchsen wir sehr behütet auf. In den Ferien, wenn meine Schwester und ich bei der Familie waren, beteten wir selbstverständlich zu Jesus, und wir sagten unseren Eltern, sie sollten nicht die Götterbilder anbeten. Sie taten es dennoch, aber ließen uns unseren Glauben an Jesus. Mein eigener Glaube festigte sich weiter, und auf einer Freizeit der Nethanja-Kirche habe ich mich mit 18 Jahren bewusst taufen lassen. Besonders wichtig im Glauben ist mir das Gebet. Wenn es mir schlecht geht, wenn ich krank bin oder von anderen in Not höre – Gebet ist das Erste, an das ich denke. Das ist meine Erfahrung und Übung bis heute.

Nethanja unterstützte mich weiterhin in meinem Vorstudium und meinem Studium, und es war immer meine größte Freude, wenn ich Bischof Jeevan über einen weiteren Bildungsfortschritt informieren konnte.

Nach der Graduierung und Promotion konnte ich beruflich gut auf eigenen Beinen stehen, wollte gerne heiraten und eine Familie gründen. Die Partnersuche ist in Indien Familiensache, und obwohl meine Eltern Hindus sind, respektierten sie meinen Wunsch, eine junge Christin zu suchen, möglichst auch mit Abschluss als Ingenieurin. Es war keine leichte Aufgabe für meine Familie, aber mithilfe eines speziellen Internetportals fanden sie Samatha, eine junge Christin, Tochter eines Pastors aus Kakinada und Softwarespezialistin. Sie war die Antwort auf meine Gebete um eine gute Frau. Wir sind glücklich und freuen uns über unseren Sohn Bryan."

So erzählte mir Madhu Anfang 2018. Wie ging es weiter?

Er war inspiriert, seine Gaben für andere einzusetzen. Ein halbes Jahr später kam er nach Deutschland und fasste beruflich schnell Fuß. Er hatte ein Jahr, um sich mit seiner Familie einzuleben, das nächste Jahr verbrachte er wegen Corona hauptsächlich im Home-Office. Seit Frühjahr 2021 arbeitet er für eine Automobilfirma, während Samatha freiberuflich Software entwickelt und sich über die Volkshochschule in die deutsche Sprache einarbeitet. Der kleine Bryan, muntere sieben Jahre alt, besucht die erste Klasse in ihrem Wohnort bei München und spricht schon fließend Englisch und Deutsch. Sehr dankbar sind die beiden Eltern über das geistliche Zuhause, das sie als Familie in der nahe gelegenen freien evangelische Gemeinde gefunden haben. Die Predigten helfen Madhu, sagt er, sein Deutsch zu verbessern.

Die kleine Familie ist noch lange nicht am Ende ihres Weges, denn nach wie vor brennen die Herzen des Paares für Jesus und für Indien. In Planung ist die Gründung einer eigenen Firma mit einem Standbein in Indien und einem zweiten in Deutschland. Das Ehepaar setzt auf wachsende Geschäftsfelder wie „Internet der Dinge" und Kommunikationstechnologie. Vor allem aber setzen die beiden auf die Führung Gottes, für die sie im Gebet offen sind – und auf die junge indische Generation, deren Potenzial sie fördern wollen. Denn „Wissen schafft Zukunft".

Berichtet von **Markus Schanz.**

IM NAMEN LIEGT RETTUNG

Der Herr beschützt die Hilflosen. Ich war schwach, doch er hat mich gerettet.

Psalm 116,6

Im Oktober 2018 herrschte große Freude in unserer Familie. Mein Sohn war Vater geworden – und ich damit Großvater. Wir haben unserer Enkeltochter in einem Festgottesdienst den christlichen Namen Jessie gegeben. Das war nicht unumstritten, denn viele in unserem Dorf fragten uns: „Warum gebt ihr dem Kind einen christlichen Namen? Warum bekommt es nicht einen Namen, wie er bei uns im Stamm üblich ist?" Wir antworteten fröhlich: „Weil es von Anfang an ein Zeugnis für Gottes Liebe sein soll. Denn dieser Name bedeutet ‚Gott sieht dich, Gott wacht über dich'!"

Doch nach kurzer Zeit wurde unsere kleine Jessie schwer krank. Um Mitternacht rang sie um ihr Leben, und wir machten uns als Großeltern in der Dunkelheit auf den Weg nach Chintapalli, wo es eine kleine Krankenstation gibt. Dort angekommen, war das Kind fast tot. Die Krankenschwester sagte, dass sie da nicht helfen kann, unser kleines Mädchen müsse sofort hinunter ins Tal nach Narsipatnam gebracht werden, wo es ein richtiges Krankenhaus gibt. Wir organisierten eine Autorikscha und fuhren den langen Weg hinab in die Tiefebene an den Rand des Dschungelgebiets. Dort angekommen, mussten wir an der Notaufnahme des

Krankenhauses zuerst einmal 7000 Rupien für eine erste Untersuchung bezahlen (umgerechnet etwa 80 Euro) – für uns ein sehr, sehr hoher Betrag. Doch der diensthabende Arzt warf nur einen kurzen Blick auf Jessie und sagte, wir müssten weiterfahren bis in die große Stadt Visakhapatnam. Also ging es weiter.

Dort fanden wir ein gutes Kinderkrankenhaus mit erfahrenen Ärzten. Doch nach einer eingehenden Untersuchung machten sie uns nicht viel Hoffnung. Dann kam ein weiterer Arzt dazu und fragte mich, was ich für einen Beruf habe. Ich sagte, ich sei ein Pastor. Dann sagte der Arzt: „Für dieses Kind haben wir keine Hilfe mehr. Aber bete du zu deinem Gott, nur der kann jetzt noch helfen."

Da haben wir überlegt, was wir machen und wo wir am besten für Jessie beten können, im Krankenhaus oder zu Hause. Denn würde das Kind in der Großstadt sterben, wird alles sehr schwierig. Wenn das Kind aber zu Hause stirbt, dann ist dort wenigstens die Beerdigung leichter zu regeln. Wir beschlossen trotzdem zu bleiben, denn wir wollten darauf vertrauen, dass Gott so handelt, wie es der Name von Jessie ausdrückt, dass er sie beschützen würde. Mit dieser Entscheidung, im Kinderkrankenhaus zu bleiben, war für uns auch klar, dass wir Gott zutrauen, dass das Kind leben und nicht sterben soll. Zudem können uns dann auch die Ärzte weiterhin begleiten. Also haben wir angefangen, im Krankenhaus intensiv für Jessie zu beten und zu unserem großen Gott zu flehen. Noch während wir beteten, sind zwei andere Kinder in diesem Krankenhaus gestorben. Das hat uns völlig entmutigt, vor allem, als wir deren verzweifelte Eltern sahen.

Da kam ein Arzt und sagte, dass er für 20.000 Rupien das Kind behandeln könne. Aber so viel Geld hatten wir nicht mehr, also haben wir weitergebetet. Wir sind neben dem Bett unserer kleinen Jessie auf die Knie gegangen und haben unseren Heiland Jesus angerufen. Mit dem Telefon haben wir andere Nethanja-Pastoren um Unterstützung im Gebet gebeten. Manchmal haben sie auch direkt am Telefon gebetet und wir haben den Lautsprecher angeschaltet, sodass wir in dem Krankenzimmer plötzlich eine große Schar an Betern waren. Während eines dieser Gebete kam unser Mädchen wieder zum Bewusstsein und machte seine Augen auf. Das war der Beginn der Besserung. Der kleine schwache Körper wurde von Tag zu Tag kräftiger. Das ganze medizinische Personal staunte, und jener Arzt, der mir den Rat gegeben hatte, für Jessie zu beten, der klopfte mir auf die Schulter und meinte: „Pastor, da hat dein Gott deine Gebete tatsächlich erhört. Gratuliere!" Noch einmal gingen wir gemeinsam auf unsere Knie und haben diesem herrlichen Gott gedankt. Ja, Jesus hat uns dieses Kind und Enkelkind noch einmal geschenkt!

Zu Hause angekommen, nahm mich Jessies Vater zur Seite und sagte: „Weißt du, als so viele aus dem Dorf sagten, dass es falsch war, dem Kind einen christlichen Namen zu geben und nicht einen in unserem Stamm üblichen Namen, da war ich sehr verunsichert. Und als meine Tochter so krank wurde, da dachte ich, dass uns die bösen Geister wohl dafür bestrafen wollen. Aber als Jesus dann unsere Jessie so wunderbar geheilt hat, da habe ich beschlossen, mich von nun an noch viel mehr für Gottes Reich einzusetzen. Jetzt weiß ich, dass Jesus mich berufen hat, seinen Namen groß zu machen!" Mit Tränen in den Augen schloss ich meinen Sohn ganz fest in meine Arme und hielt ihn einige Minuten lang, ohne ein Wort zu sagen. Immer wieder hatte ich seine Unsicherheit und Unentschlossenheit gespürt. Doch nun hat Jesus auch ihn ganz zu sich gezogen.

Aber auch im Frühjahr 2020 hat Gott wieder einmal Großes getan:

Der Sohn einer christlichen Familie hatte Prevati geheiratet, ein Mädchen aus einem Stamm, die Jesus noch nicht kennen und Naturgöttern dienen. Nach einiger Zeit wurde sie schwanger und brachte einen Sohn zur Welt. Aber sie konnte das Kind nicht stillen, wodurch es immer schwächer wurde. Auch Prevati war sehr geschwächt. Ihre Schwiegermutter Warahalama war sehr in Sorge und kam zu mir. Sie berichtete, dass der Zauberpriester des Dorfes sagte, dass das Kind den Göttern geopfert werden müsse, um das Leben der Mutter zu retten. Als ich das hörte, habe ich die junge Familie zu mir in die Kirche eingeladen, und wir haben dort gemeinsam von Freitag bis Sonntag gebetet. Ich habe ihnen mit großer Bestimmtheit gesagt, dass es keine Menschenopfer mehr geben darf, weil Jesus sich selbst für uns ein für alle Mal als Opfer dahingegeben hat, damit wir leben können.

Und Gott hat unsere Gebete erhört – und hat ein Wunder getan. Plötzlich spürte Prevati einen Druck in ihrer Brust. Sie legte das Baby an, und es kam so viel Milch, dass das Kind gar nicht alles trinken konnte. Und das ging die nächsten Wochen so weiter. Der Junge entwickelte sich prächtig, und auch die junge Mutter kam wieder zu Kräften. Prevati war voller Freude und hat sich dann kurz darauf taufen lassen.

Sundhar Rao *lebt mit seiner Familie in Varthanapalli. Er trägt seit vielen Jahren die Liebe Gottes ins Dschungelgebiet. Doch zuvor als junger Mann hatte er viel Hass und Zorn im Herzen, weswegen er bei den terroristischen Naxaliten mitkämpfte. Er ist Vorsitzender der Varthanapalli Pastors' Fellowship.*

VOM PRIESTERSOHN ZUM PRIESTER FÜR JESUS

*Ihr jedoch seid das von Gott erwählte Volk; ihr seid eine kö-
niglicbe Priesterschaft, eine heilige Nation, ein Volk, das ihm
allein gehört und den Auftrag hat, seine großen Taten zu ver-
künden – die Taten dessen, der euch aus der Finsternis in sein
wunderbares Licht gerufen hat.*

1. Petrus 2,9

Meine Eltern waren Hindu-Priester und haben einen Tempel betrieben.
Das war ein einigermaßen einträglicher Lebensunterhalt, aber reich geworden sind wir dadurch nicht. Wir wohnten direkt neben dem Tempel,
für den wir zuständig waren. Der Höhepunkt war der jährliche große
Umzug für die Göttin Bolamama: Der prächtig geschmückte Wagen mit
dem Standbild der Göttin wurde unter rituellen Gesängen und Rezitati-
onen durch den ganzen Ort gezogen. Die Frauen und Mädchen kamen
von allen Seiten und haben ihre Saris zur Göttin auf den Wagen gewor-
fen und sich dadurch Segen erhofft.

Auch zu Hause hatten wir ganz viele kleine Götterfiguren in unserem privaten Schrein stehen, denen meine Mutter jeden Morgen Opfer
dargebracht hat. Sie hat immer für die ganze Familie das Gebetsritual
verrichtet und sehr genau darauf geachtet, dass keine unserer Familien-
gottheiten benachteiligt oder gar übersehen wurde, damit wir weiterhin
gesegnet bleiben. Aber leider hat das meinen Vater nicht davon abgehal-

ten, mehr und mehr dem Alkohol zu verfallen. Das ging so lange, bis er sich regelrecht zu Tode getrunken hatte. Ab dann wurde es für uns als Familie sehr schwer, denn ohne Priester den Tempel zu betreiben, war kaum möglich; und meine Mutter wurde von niemand mehr respektiert. Schließlich war sie so verzweifelt, dass sie sich das Leben nehmen wollte. Doch da begegnete sie einem christlichen Pastor, der ihr von der Liebe Gottes erzählte. Seine Frau und er haben sie sogar eine Weile bei sich zu Hause aufgenommen, bis sie seelisch wieder etwas mehr Halt gefunden hatte. So kam sie zum Glauben an Jesus Christus, sie ließ sich taufen und wurde eine Bibelfrau. Durch sie sind viele Frauen zum Glauben gekommen. Vor zwanzig Jahren hat sie mich ans Bible College geschickt, damit auch ich viel lernen und Jesus dienen kann. So bin ich als Priestersohn ein Priester für Jesus geworden und verkündige die Wohltaten Gottes in drei Dörfern!

Vorletztes Jahr wurde ich in meinem Dienst für Jesus erheblich gebremst.

Als ich auf der Landstraße unterwegs war, wurde ich von einem vorbeifahrenden Lastwagen erfasst und in den Straßengraben geschleudert. Der Fahrer war wahrscheinlich einem Schlagloch ausgewichen und hatte dabei gar nicht gemerkt, dass er mich erwischt hatte. Ich lag im Straßengraben und konnte nicht mehr aufstehen. Beide Beine schmerzten enorm, und mir war schnell klar, dass sie beide gebrochen waren. Ich rief, um auf mich aufmerksam zu machen. Glücklicherweise kam gerade jemand vorbei und hörte mich. Er sah auch, dass ich nicht mehr in der Lage war aufzustehen. So winkte er eine vorbeifahrende Autorikscha herbei und gemeinsam mit dem Fahrer hoben sie mich hinein. So gelangte ich ins nächste Krankenhaus. Auf der Notaufnahme wurde rasch gehandelt, es war klar, dass die gebrochenen Knochen miteinander verschraubt und genagelt werden müssen. Doch bevor ich in den Operationssaal kam, habe ich noch rasch mit meinem Handy meine befreundeten Nethanja-Pastoren benachrichtigt und sie über mein Ergehen informiert. Kaum dass sie die Nachricht erhalten hatten, sind sie schnell gekommen, um mir dort im Krankenhaus beizustehen. Es wurde für mich leider ein langer Aufenthalt. Aber mein Kollege Pastor Anand ist die ganze Zeit bei mir im Krankenhaus geblieben und hat für mich gesorgt. Denn es ist bei uns üblich, dass Familienangehörige die Patienten versorgen und unterstützen, auch mit Essen, während die Krankenschwestern nur die medizinisch notwendigen Aufgaben verrichten. Für Anand war das keine Frage, dass er für mich sorgt, weil meine Mutter inzwischen recht betagt ist. Er richtete einfach seiner Gemeinde aus: „Mein Bruder ist im Krankenhaus, deshalb kann ich derzeit leider keine Gottesdienste halten und Hausbesuche machen!" Eigentlich ist er ja nicht mein leiblicher Bruder, aber ich habe gemerkt, wie Nethanja wirklich meine echte Familie ist. Als ich dann endlich nach Hause zurückkam, da habe ich gestaunt: Meine Gemeinde hatte in der Zwischenzeit die alte kleine Kirchenhütte abgerissen und eine schöne feste Kirche gebaut – und das alles ohne mich! Ja, mit Jesus sind wir wirklich berufen, sein wunderbares Licht zu entdecken!

Krupa Rao *ist Pastor und arbeitet in Thamatada und Umgebung.*

VORBEHALTLOSE LIEBE
IM TÖDLICHEN HINTERHALT

Liebt eure Feinde; tut denen Gutes, die euch hassen; segnet die, die euch verfluchen; betet für die, die euch Böses tun.

Lukas 6,27-28

Im Jahr 2017 war ich mit einem jungen Gemeindeglied unterwegs zu einem anderen Dorf. Auf der einsamen Straße hörten wir auf einmal von einer kleinen Anhöhe neben dem Weg ein schmerzerfülltes Rufen. Wir gingen der Stimme nach und fanden einen jungen Mann mit gebrochenen Beinen daliegen. Ein großer Steinblock lag auf den zerschmetterten Schienbeinen. Wir sahen sofort, dass wir da helfen mussten. Aber dieser Mann war kein Unbekannter für uns. Es war Gunna, einer der größten Gegner unserer christlichen Gemeinde, der schon oft unsere Gottesdienste gestört hatte.

Mit vereinten Kräften konnten wir beide den Felsblock wegwälzen und den Mann aus seiner Not befreien. Durch die großen Schmerzen war er inzwischen ohnmächtig geworden. So entschieden wir, ihn so vorsichtig es ging, zurück in unser Dorf zu tragen. Dort angekommen, kamen von überall her Dorfbewohner gelaufen, aber anstatt zu helfen, machten sie uns Vorwürfe, wir hätten Gunna geschlagen, weil er ja ein Gegner der Christen war. Feindselig umringten sie uns, die wir doch nur hatten helfen wollen. In diesem Moment erwachte Gunna aus seiner Ohnmacht. Er erfasste die Situation und rief mit schwacher Stimme: „Lasst Pastor Sukku zufrieden. Die zwei haben mich gerettet!" Wir trugen Gunna zum Haus seiner Familie und empfahlen ihnen dringend, den Schwerverletzten ins Krankenhaus zu bringen. Aber für eine Behandlung im Krankenhaus hatte die Familie kein Geld. Da habe ich ihnen 1.500 Rupien gegeben.

Das bekamen die immer noch neugierig um uns herumstehenden Dorfbewohner mit und sagten untereinander: „Also wenn der Pastor sogar seinem Gegner etwas gibt, dann geben wir auch etwas!" So kam in wenigen Minuten einiges Geld zusammen, sodass es für eine Behandlung reichen würde. Weil seine Familienangehörigen jedoch völlig hilflos und verunsichert waren, bot ich an, Gunna ins Krankenhaus zu begleiten. Offenbar vertrauten sie mir nun, denn sie nahmen das Angebot gerne an. So brachte ich ihn hin und blieb dort, bis die Behandlung sichergestellt war. Nach einiger Zeit kam Gunna wieder nach Hause und wurde dann auch wieder vollkommen gesund. Er grüßte mich danach immer freundlich, wenn wir einander auf der Straße begegneten, aber ansonsten veränderte sich nicht viel.

Als wir ein Jahr später, 2018, eine Evangelisation im Dorf durchführten, kam Gunna am Ende des ersten Veranstaltungsabends nach vorne und wollte öffentlich etwas sagen. Ich befürchtete, er wolle wie früher stören und dumme Sprüche machen. Trotzdem ließ ich ihn vor allen reden.

Da begann Gunna und sagte: „Wie ihr alle wisst, war ich immer gegen die Christen und gegen Pastor Sukku eingestellt. Letztes Jahr habe ich beschlossen, Sukku zu töten, und habe ihm von einem Berg aus mit Pfeil und Bogen aufgelauert. Dann aber bin ich ausgerutscht und wurde im Fallen von einem großen Stein getroffen und lag mit gebrochenen Beinen da. Ich rief um Hilfe, aber niemand hörte mich. Dann aber kam ausgerechnet der Pastor vorbei, hörte mich und half mir sofort. Er war nicht schadenfroh, dass ich verletzt war, sondern er hat mich nach Hause gebracht, obwohl er eigentlich woanders hingehen wollte. Dann hat er sogar sein eigenes Geld gegeben, damit ich ins Krankenhaus kann, und hat mich auch noch dorthin gebracht. Das hat mich so bewegt, dass ich heute auf seine Botschaft hören wollte. Und ich sage euch, diese Botschaft und das Verhalten des Pastors haben mich überzeugt. Ich habe gerade eben mein Leben Jesus übergeben, und ich bitte heute in aller Öffentlichkeit bei Sukku um Entschuldigung. Und wenn er die Entschuldigung annimmt, möchte ich gerne getauft werden und zur Christengemeinde dazugehören!"

Selbstverständlich habe ich seine Entschuldigung angenommen und ihn vor allen anderen in die Arme genommen. Was für eine Freude! Kurz darauf ließ er sich taufen, und seither ist Gunna ein wichtiger Mitarbeiter in unserer Nethanja-Gemeinde!

Sukku *ist schon lange ein treuer Pastor der Nethanja-Kirche. Er arbeitet in Bandapalli und stammt aus dem Stamm der Savara, bei denen es noch viele alte Traditionen gibt. Die Nethanja-Gemeinden in den Savara-Dörfern haben sich zu einer Pastors' Fellowship zusammengeschlossen, deren Vorsitzender Sukku ist.*

FRAUEN ERFAHREN DIE KRAFT
DES LEBENDIGEN GOTTES

Es waren auch viele Frauen dort, die von Weitem zusahen. Sie waren Jesus seit den Anfängen in Galiläa gefolgt und hatten ihm gedient.

Matthäus 27,55

DAS LETZTE WEIHNACHTEN?

Als ich am Nethanja Bible College studierte, lernte ich Sampurna kennen, eine junge attraktive Frau, die kurz zuvor ihren Mann verloren hatte. Nun stand sie allein mit ihrer kleinen Tochter da. Aber durch die Hilfe der deutschen Nethanja-Freunde konnte sie eine Ausbildung zur Näherin machen und bekam zum Abschluss eine eigene Nähmaschine geschenkt. Ich habe mich in sie verliebt und dann zu Bischof Singh gesagt, dass es aus drei Gründen gut wäre, wenn er mir die Erlaubnis gibt, Sampurna zu heiraten. Zum einen sei sie dann gut versorgt, zum anderen sei es ein wichtiges Zeichen für unsere Gesellschaft, in der Hindus es ablehnen, dass Witwen nochmals heiraten, und schließlich bräuchte ich als junger Pastor eine tüchtige Partnerin an meiner Seite. Der Bischof willigte ein und so haben wir vor über zehn Jahren geheiratet. Es ging uns gut miteinander und wir haben diesen Schritt nie bereut. Aber letztes Jahr wurde meine Frau sehr krank, sie hat viel Blut verloren. Bei der Untersuchung im Krankenhaus machte der Arzt ein ernstes Gesicht und sagte: „Es gibt keine Hoffnung mehr, da ist keine Heilung mehr möglich. Es handelt sich um einen aggressiven Darmkrebs, der nicht operabel ist, und für eine Chemotherapie ist es schon zu spät. Wir können nur noch Medikamente gegen die Schmerzen geben." Niedergeschlagen gingen wir nach Hause.

Anfangs waren es nur wenige Momente, in der Sampurna Schmerzen hatte oder müde war. Aber im Herbst wurde es immer schlimmer. Natürlich hat unsere Gemeinde gebetet und alle waren traurig, weil Sampurna nicht mehr zum Gottesdienst kommen konnte.

Am zweiten Advent sagte Sampurna, dass sie Weihnachten wohl nicht mehr erleben werde. Von da an habe ich fast nur noch gebetet und Gott mit der Bitte um Heilung meiner lieben Frau bestürmt. Ich habe nachts kaum geschlafen und auch unsere Tochter hat viel gebetet. Aber es ging Sampurna immer schlechter. Doch an Heiligabend ist Sampurna plötzlich aufgestanden, hat geduscht, sich schön angezogen und ist zum Abendgottesdienst gegangen. Mit der ganzen Gemeinde hat sie die Geburt unseres Heilands gefeiert. Und seither ist sie völlig geheilt!

Roschan und Sampurna *wirken als Pastorenehepaar in Kowana.*

EINE TOTGEGLAUBTE KOCHT KAFFEE

Ich bin als Pastor für zwei Nethanja-Gemeinden in unterschiedlichen Dörfern verantwortlich. Meine Frau teilt sich diesen Dienst mit mir, indem sie als Bibelfrau gemeinsam mit mir viele Besuche macht. Aber oft verdoppeln wir die Besuchsfrequenz, indem jeder von uns beiden in unterschiedliche Häuser geht, um dort mit den Leuten zu reden und zu beten. Eines Tages kam ich abends um zehn Uhr nach Hause und erschrak zutiefst. Meine Frau lag auf dem Fußboden unseres kleinen Hauses und konnte sich nicht mehr bewegen und auch nicht reden. Ich ging neben ihr auf die Knie und habe zum Herrn um Hilfe gefleht. Aber vergeblich, um Mitternacht war sie tot.

Ich war völlig ratlos, was nun zu tun ist, ich fühlte mich wie in einem bösen Traum gefangen. Da griff ich zu meinem Handy und habe meine Pastorenkollegen angerufen, dass sie zu mir kommen.

Kurz darauf spürte ich in mir, dass Gott nicht will, dass meine Frau tot sein soll. Darum habe ich weitergebetet bis um drei Uhr morgens. Da hatte ich ein inneres Bild, dass unser Bischof Singh gekommen sei, er hat mich gestreichelt und gesagt: „Deine Frau lebt, sei nicht traurig!"

Als kurz nach drei Uhr mein lieber geistlicher Bruder Sundhar Rao und die anderen Pastoren in mein Haus kamen, ist meine Frau plötzlich aufgestanden und hat für uns alle Kaffee gekocht. Das war das eigenartigste und zugleich fröhlichste Kaffeetrinken meines Lebens!

Bala Raju *stellt sich den Herausforderungen als Pastor im Dschungelgebiet, wo es viele Krankheiten, aber auch Feindschaft gegen Christen gibt.*

RECHTZEITIG ZUR KIRCHENEINWEIHUNG

Der Herr hatte mich und meine Frau Mutiamala in unserem Dienst als Pastorenehepaar reich gesegnet. Alles schien perfekt zu sein: Wir hatten eine gute Gemeinde, in der wir so deutlich Gottes Wirken erleben konnten, unsere Kinder bekamen eine gute Schulausbildung und unsere kleine Kirche war frisch renoviert worden, sodass sie noch einladender für interessierte Dorfbewohner war.

Da wir zum Gebiet von Supervisor Sundhar Rao gehören, waren wir selbstverständlich beim Festgottesdienst Anfang Februar 2018 dabei, als in seinem Dorf Varthanapalli die Grundsteinlegung für den Neubau einer Kirche begangen wurde, bei der auch eine Gruppe von Nethanja-Freunden aus Deutschland dabei war.

Kurz danach bekam meine Frau einen Schlaganfall und konnte nicht mehr laufen. Wir machten uns auf die lange und beschwerliche Fahrt hinab in die Tiefebene, um im Krankenhaus in Anakapalli eine gute Behandlung zu bekommen. Aber es gab dort keine Hilfe; eine Therapie sei nicht möglich, wurde uns gesagt. Von nun an brauchte meine Frau täglich viel Pflege. Ich habe das für meine Frau alles gern gemacht, aber wir waren dennoch sehr traurig, weil wir doch viel lieber unserem Herrn mit vereinten Kräften dienen wollten.

Sundhar Rao besuchte uns oft und ermutigte uns, dem Herrn weiterhin zu vertrauen. Er berichtete auch vom Baufortschritt seiner Kirche in Varthanapalli. Ganz kühn nahmen wir uns vor, von jetzt an dafür zu beten, dass wir bei der Einweihung dieser Kirche gemeinsam dabei sein können. Für den 18. Februar 2020 war der Festgottesdienst anberaumt, wieder sollte eine deutsche Gruppe dabei sein. Das war unser Ziel! Und der Herr hat unsere Bitte erhört! Zwar noch etwas schwach, aber auf eigenen Beinen konnte Mutiamala mit mir gemeinsam hingehen und mitfeiern. Für uns beide war es aber noch ein viel größerer Grund zur Freude, als nur eine Kircheneinweihung zu feiern: Wir dankten Gott für diese wunderbare Heilung. Ich glaube, so laut wie ich und Mutiamala hat niemand an dem Tag „Halleluja" und „Danke, Jesus" gerufen. Als Zeichen unserer großen Dankbarkeit gegenüber Gott haben wir dann Bischof Singh und den Gästen einen Ehrenschal umgelegt. Und nun sind wir beide wieder gemeinsam für Jesus unterwegs!

Darma Rao und Mutiamala *sind von Panasalapadu aus wieder mit neuer Motivation im Dschungelgebiet unterwegs, um den Menschen von dem Gott zu berichten, dem nichts unmöglich ist.*

BEGEGNUNGEN IM SLUM

Selig sind, die reinen Herzens sind; denn sie werden Gott schauen. Selig sind, die Frieden stiften; denn sie werden Gottes Kinder heißen.

Matthäus 5,8-9

Wir steigen rasch und uns nach allen Seiten umblickend über die Gleise des großen Rangierbahnhofs der großen Stadt Visakhapatnam, um einen der vielen Slums zu besuchen. Dort begegnen wir Adivamma, die hier mit ihrer Familie wohnt. Alle zehn Minuten fahren Züge an ihrer Hütte vorbei, mit einem Lärm, der jedes Gespräch fast unmöglich macht. In diesem Slum lebten früher die meisten von Wahrsagerei und Diebstahl. Auch Adivamma hatte die spiritistische Gabe, Menschen die Hand zu lesen und die Zukunft vorauszusagen. Eine Gabe, die der Familie zwar etwas Geld einbrachte, aber eine dämonische Besessenheit bedeutete, die mit viel Angst und schrecklichen Visionen einherging.

Vor etwa 30 Jahren ging Bischof Singh mit Karl Ramsayer, dem ersten Nethanja-Vorsitzenden, in diesen Slum, um die rettende Botschaft von Jesus zu erzählen. Adivamma war davon persönlich sehr angesprochen und kam von da an immer wieder in die Kirche im Missionszentrum außerhalb der Großstadt Visakhapatnam. Schließlich übergab sie ihr Leben Jesus Christus und wurde frei von den finsteren Mächten. Ein tiefer Frieden erfüllte sie, zugleich auch eine Freude, die allen im Slum sofort

61

auffiel. Immer wieder wurde sie gefragt, warum sie nicht mehr so finster dreinschaut, und so erzählte sie vielen Menschen von Jesus. Ja, sie ging sogar systematisch von Hütte zu Hütte, damit noch viel mehr Leute diese neue Freiheit kennenlernen. Auch in ihrer Familie sprach sie von Gottes Liebe und nahm immer wieder Verwandte und Nachbarn mit in die Gottesdienste. So kam es zu einer kleinen Erweckung in diesem Slum und Bischof Singh schickte einen Pastor dorthin. Als der dann früh verstarb, übernahm sein Sohn Samuel diese Aufgabe. Heute gehören etwa zwei Drittel der Familien in diesem Slum zur Nethanja-Gemeinde, über 500 Menschen. Sogar der von diesem Stadtviertel gewählte Abgeordnete im Stadtrat von Visakhapatnam ist ein bekennender Christ, er war in seiner Kindheit ein paar Jahre im Nethanja-Kinderheim. Die Hütten, die wir besuchen, sind zwar schlicht und eng, aber erstaunlich sauber und aufgeräumt. Auch das ist eine Folge des Glaubens. Nicht nur das Seelenleben kommt in Ordnung, sondern auch die äußeren Lebensumstände!

Doch zurück zu Adivamma: Nach und nach fanden fast alle Familienmitglieder zum Glauben an Jesus Christus. Aber damit wurde nicht alles automatisch besser. Weil sie nicht mehr durch Diebstahl und Wahrsagerei ihren Lebensunterhalt verdienen, sondern als Tagelöhner arbeiten müssen, ist die finanzielle Not oft sehr groß. Es gibt Tage, an denen sie abends hungrig zu Bett gehen müssen, weil sie keine Anstellung für diesen Tag gefunden haben und es daher auch keinen Lohn gegeben hat.

Auch in Adivammas Hütte gibt es Leid. Ihre Tochter Anjama erkrankte vor 15 Jahren an einem Rückenleiden im Spinalkanal. Zwei verpfuschte Operationen bewirkten, dass sie seither nicht mehr stehen oder gehen kann. Sie ist zum Sitzen und Liegen verurteilt. Trotz vieler Gebete hat sie bisher keine Heilung erlebt, aber Anjama bleibt mit ihrer Mutter zuversichtlich. Doch Anjama ist auch selbst eine Mutter. Für ihre Tochter Krupa – ihr Name bedeutet „Gnade" – konnte sie dann leider nicht mehr richtig sorgen, weshalb diese im Nethanja-Kinderheim aufgenommen wurde und einen guten Schulabschluss machen konnte. Krupa ist inzwischen wiederum selbst Mutter geworden, so leben bereits vier Generationen in dieser unscheinbaren Hütte dort hinter dem Rangierbahnhof.

Und gerade in dieser ärmlichen Hütte spüre ich einen so tiefen Frieden wie noch selten. Auch wenn ich mich mit Adivamma nicht direkt unterhalten kann, erfüllt mich eine herzliche Liebe zu dieser mutigen Missionarin und geistlichen Mutter. Schließlich nimmt sie meine Frau und mich noch mit zur Hütte ihres Bruders. Er ist seit Jahren dem Alkohol verfallen und an manchen Tagen kaum zurechnungsfähig. Klapprig und fahl steht er in dem Chaos seiner wenigen Habseligkeiten vor uns, aber er freut sich über unseren Besuch. In großer Freiheit beten wir dafür, dass auch er durch Jesus frei wird von der Macht des Alkohols und dass er Frieden findet. Auch Adivamma gibt die Hoffnung nicht auf und wird mir mit ihrem Glaubensmut zur Ermutigung.

Ekkehard Graf *ist Pfarrer der württembergischen Landeskirche und seit 2016 ehrenamtlicher Vorsitzender des Missionsvereins „Kinderheim Nethanja Narsapur / Christliche Mission Indien e. V.".*

IM SCHUTZ DES KINDERHEIMS

*Gott ist mein Hort, auf den ich traue, mein Schild und Horn
meines Heils, mein Schutz und meine Zuflucht, mein Heiland, der du mir hilfst vor Gewalt.*

2. Samuel 22,3

Es ist ein fröhlicher Festabend auf dem Gelände des Missionszentrums
in Visakhapatnam. Alle Mädchen und Jungen der beiden Kinderheime
sind da, ebenso die Bibelschüler, ein paar Gemeindeglieder der örtli-
chen Nethanja-Kirche, die Witwen aus dem Witwenheim und sogar ein
paar Blinde, die tagsüber hier Kerzen gießen und Schulkreide herstel-
len und so ein paar Rupien verdienen können. Natürlich gehört zum
Fest ein gutes Essen; es ist erstaunlich, welch große Portionen selbst die
Kleinsten auf ihren Tellern haben: Reis und Chicken-Curry. Und dann
sehen wir Gäste aus Deutschland faszinierende Tänze, hören schöne
Lieder und es gibt kleine Theaterstücke, die biblische Geschichten und
indische Alltagsszenen zum Inhalt haben. Besonders fällt mir ein Junge
auf, der so authentisch und eindrücklich einen betrunkenen Mann
spielt, der nicht mehr Herr seiner Sinne ist, wild um sich schlägt und
fürchterlich schimpft. Hinterher erkundige ich mich nach diesem Jungen und Bischof Singh stellt ihn mir vor. Ich erfahre folgende Lebens-
geschichte:

Nadish ist zwölf Jahre alt und kommt aus einem der vielen Slums der Großstadt Visakhapatnam. Dort sind nicht nur die äußeren Lebensverhältnisse prekär. Auch innerhalb der windschiefen Hütten und überfüllten schmalen Häuser herrscht seelischer Notstand. Nadishs Vater ist dem Alkohol verfallen und war für seine Familie keine Hilfe, sondern eine große Last. Seine Mutter arbeitete als Putzfrau in verschiedenen Haushalten, um ein paar Rupien nach Hause zu bringen. Doch immer, wenn sie tagsüber viele Stunden außer Haus war, wurde sie von ihrem Mann im betrunkenen Zustand zu Hause empfangen, verbunden mit Vorwürfen und Misstrauen. Nicht selten wurde er gewalttätig und schlug seine Frau. Eines Tages hielt sie es nicht mehr aus, packte notdürftig ein paar Kleidungsstücke, nahm ihren Sohn und floh aus dem Haus. Bei ihrer Schwester fanden sie eine vorläufige Unterkunft. Aber ihr Mann forschte nach ihnen und fand sie schließlich. Plötzlich tauchte er vor der neuen Bleibe auf, fluchte und forderte lautstark, seine Frau solle auf der Stelle wieder zu ihm kommen, weil er der rechtmäßige Ehemann sei und über sie bestimmen könne. Seine Schwägerin trat vors Haus und schickte ihn genauso lautstark fort. Dann rief er, dass er wenigstens seinen Sohn haben wolle. Doch da war er bei seiner Schwägerin an der falschen Adresse.

Jahre zuvor hatte sie hilflos mit ansehen müssen, wie ihr Mann den eigenen Sohn an fremde Leute verkauft hatte. Nun wollte sie wenigstens ihrer Schwester und dem Jungen solch ein Schicksal ersparen. Da holte Nadishs Vater hinter seinem Rücken eine mitgebrachte Axt hervor, stieß die Schwägerin zur Seite, stürmte in das Haus und holte mit der Axt zu einem Schlag gegen seine vor Angst erstarrte Frau aus. Der Axthieb traf Nadishs Mutter mit voller Wucht, leblos sank sie in sich zusammen. Herbeigerufene Nachbarn packten den tobenden Mann und hielten ihn fest, bis die Polizei kam. Zugleich wurde ärztliche Hilfe geholt und die schwerverletzte Mutter ins Krankenhaus gebracht.

Zurück blieben Nadish und seine tapfere Tante. Der Vater wurde wegen versuchten Totschlags zu einer hohen Gefängnisstrafe verurteilt.

Die Mutter ist seither gelähmt und kann nicht mehr für ihren Sohn sorgen und muss selbst gepflegt werden. So vermittelte es seine Tante, dass Nadish nach Paradesipalem ins Bubenheim kommen konnte. In den Sommerferien fährt er seither zu seiner Tante, wo er auch seine Mutter sehen kann. Aber immer begleitet ihn dabei die Angst, sein Vater könnte plötzlich wieder auftauchen und ihn und seine Mutter töten. Manchmal kommt die Tante auch abends im Schutz der Dunkelheit mit einer Autorikscha ans Tor des Missionszentrums, um ihn kurz zu sehen und zu sprechen. Niemand darf wissen, wo Nadish ist, falls der Vater eines Tages aus dem Gefängnis entlassen wird.

Nadish ist seit dem Kindergartenalter bei uns, inzwischen besucht er die fünfte Klasse. Nach Unterrichtsende sieht man ihn immer mit den anderen Jungs auf dem Sportplatz des Bubenheims bei einem der in Indien beliebten Spiele: Kricket, Kabadi und Koko. Manchmal sieht man auch einen traurigen Schatten auf seinem sonst so strahlenden Gesicht. Was wird werden? Geschwister hat er keine, die Mutter ist stark behindert und vor dem Vater hat er Angst. Umso mehr freut er sich, im Kinderheim gute Freunde gefunden zu haben. Und sonntags geht er gerne zum Kindergottesdienst, wo die Mut machenden biblischen Geschichten erzählt werden.

Gleichzeitig prägt ihn seine Vergangenheit zutiefst. Wenn Nadish redet, dann immer sehr laut, vielleicht, weil seine Seele so verletzt ist. Er sagt, dass es vor allem alkoholabhängige Väter sind, die ihre Familien zerstören. Auf die Frage, welchen Beruf er einmal ergreifen will, antwortet er: „Ich werde einmal Polizist! Denn ich will alle Kinder beschützen, die so böse Väter haben, die ihre Frauen schlagen und ihre Kinder verkaufen wollen. Das werde ich verhindern!"

Dann wird mir noch ein Junge vorgestellt, der inzwischen eine erfreuliche Zukunftsperspektive hat:

Mohan stammt aus einer Familie mit einer unguten langen Tradition: Die Vorfahren waren Räuber und Diebe, die Kinder von Anfang an darauf trainiert, geschickte Diebstähle zu begehen. Mit einem System, dass derjenige, der am meisten Beute bringt, dafür belohnt wird. Die erwachsenen Familienmitglieder beteiligen sich auch an riskanten Überfällen. Und sollte dabei einer von ihnen erwischt werden, wird das nicht als Nachteil gesehen. Schließlich ist man in Gefängniszeiten immerhin einigermaßen versorgt. Denn reich wird man als Räuber nicht, an vielen Abenden geht man mit Hunger ins Bett. Mohans Eltern, mittlerweile die Anführer der Bande geworden, planten Überfälle, die sie vor allem im Sommer durchführten. Die ganze Verwandtschaft war beteiligt und die Beute wurde unter allen aufgeteilt.

Eines Tages kam eine der Nethanja-Bibelfrauen bei dieser Familie zu Besuch, die früher im selben Großstadtslum wohnte und damals ihren Lebensunterhalt als Wahrsagerin verdient hatte. Sie erzählte von ihren letzten Jahren, die viel verändert hatten. Erzählte davon, wie sie Jesus begegnet war und wie er ihr Leben vollkommen verändert hatte. Und die Frau, die der Familie von früher wohlbekannt war, strahlte den tiefen Frieden aus, den sie als Kind Gottes hat. Sie berichtete davon, dass Jesus sich auch mit Dieben an einen Tisch gesetzt hatte. Sie sprach vom Heiligen Geist, der Menschen vom Bösen befreit und Gutes bewirkt. Erstaunlicherweise hörte die ganze Familie dieser schlichten, glaubwürdigen Frau aufmerksam zu. Mohan, der oft miterleben musste, wie der Vater die Mutter blutig geschlagen hatte, fragte sich, ob Jesus dann wohl auch den Vater verändern könne, wenn er wirklich so stark ist. Auch seine Eltern wurden nachdenklich und baten die Bibelfrau, sie noch öfter zu besuchen. Und tatsächlich öffneten sie nach und nach ihr Herz für Jesus Christus und kamen zum Glauben. Sie beendeten ihre Raubzüge und versuchten, sich mit ehrlicher Arbeit ein Auskommen zu schaffen. Dabei stießen sie bei ihrer Verwandtschaft auf Unverständnis und Ablehnung.

Die Onkel ihrer Söhne versuchten, die Neffen zu sich zu holen, weil sie kleine flinke Diebe brauchten. Deshalb brachten die Eltern Mohan und seinen Bruder ins Bubenheim, um die beiden vor einer Räuberkarriere zu bewahren. Sie selbst fanden in der Nethanja-Slumgemeinde bei Pastor Anil Kumar eine neue Familie, wo sie nun große Beute im Reichtum des Wortes Gottes machen. Auch Mohan hat eine große Freude an der Bibel. Besonders gefällt ihm der Bericht, wie Gott sein Volk Israel aus der Sklaverei befreit und dann einen Weg durchs Meer und durch die Wüste bereitet hat. In der Schule mag er die Sozialwissenschaften und auf die Frage, was für einen Beruf er einmal gerne wählen möchte, strahlt er und antwortet: „Pastor, ist doch klar!"

Berichtet von **Ekkehard Graf.**
Immer wieder werden Mädchen und Jungen in unsere Nethanja-Kinderheime gebracht, die hier vor Verwandten versteckt und geschützt werden müssen, weil sie zu Hause gefährdet sind. Deshalb wurden auch die Namen der beiden Jungen aus Sicherheitsgründen geändert.

DER BÖSE GEIST MUSS GEHEN, DAS KIND DARF KOMMEN

Und Hanna gebar einen Sohn und nannte ihn Samuel; denn,
so sprach sie, ich hab ihn von dem HERRN erbeten.

1. Samuel 1,20

Ich bin Susanne und mein Mann heißt Kornelius; natürlich hatten wir früher andere Namen, aber seit unserer Taufe tragen wir sehr gerne diese biblischen Namen. Wir haben eine sehr schwere Zeit hinter uns, von der ich berichten möchte.

Nach unserer Hochzeit nach Hindu-Ritus wollten wir rasch eine Familie gründen und Kinder bekommen. Aber immer nach drei Monaten Schwangerschaft hatte ich eine Fehlgeburt. Schließlich begaben wir uns in ärztliche Behandlung, aber niemand konnte uns helfen, denn das Problem lag nicht im medizinischen Bereich. Anfangs schenkte ich dem wenig Beachtung, aber dann merkte ich, dass es einen Zusammenhang zwischen meinen Träumen und den Fehlgeburten gab. Immer wenn ich gerade schwanger war, sah ich mehrmals im Traum eine bedrohlich aussehende Frau, die zu mir sagte: „Ich fresse dein Kind!" Und in den folgenden Tagen kam es dann jeweils zur Fehlgeburt. Entnervt gaben mein Mann und ich die natürliche Art, Kinder zu bekommen, auf und kauften für 2000 Rupien einer Prostituierten ihr kleines Baby ab. Doch dann bekam ich wieder diesen schrecklichen Traum, in dem die hässliche Frau androhte, mein Kind zu fressen. Ein paar Tage später war unser angenommenes Kind tot. Ich war völlig deprimiert und finstere Gedanken verdunkelten mein Leben.

Früher habe ich als Tänzerin auf der Straße Aufführungen gemacht und dabei um Geld gebettelt. Von den Christen wollte ich nie etwas wissen, aber ganz in der Nähe von meinem Platz, wo ich tanzte, stand die kleine Nethanja-Kirche, und so habe ich jeden Sonntag deren Gottesdienste über die Lautsprecher mitgehört. Eines Tages habe ich zu meinem Mann gesagt: „Komm, lass uns zu den Christen in die Kirche gehen. Die Lieder klingen so schön und die Worte sind so ermutigend." So gingen wir zum Gottesdienst und am Ende hat Pastor Johnson für uns gebetet. Wir gingen in einem tiefen, so noch nie erlebten inneren Frieden nach Hause.

Doch nachts ging es mir immer schlechter. In mir war eine große Unruhe, schlimme Bilder stiegen in mir hoch. Ich stand auf und irrte ruhelos durch die Straßen. Manchmal, wenn mich jemand ansprach, brüllte es laut und unhöflich aus mir heraus, ohne dass ich das steuern konnte. Meine Nachbarn wollten mich zu einem Hindu-Priester bringen, der mich beschwören sollte. Aber ich sagte ihnen, dass ich mir lieber von Pastor Johnson helfen lassen wolle. Doch dann packte mich wieder diese dunkle Macht und warf mich zu Boden. Mein ganzer Körper zuckte, ich selbst weiß kaum noch, was da mit mir geschah. Man berichtete mir hinterher, dass mein Mann mich mit einigen Männern zum Pastor in die Kirche bringen wollte. Aber es gelang ihnen nicht, so sehr widersetzte sich mein Körper mit Strampeln, Schlagen und Fluchen.

Schließlich kam Pastor Johnson nachmittags um 15 Uhr zu unserem Haus. Er sagte mir später, ich habe fürchterlich ausgesehen, voller Dreck, mit Schaum vor dem Mund und einem verzerrten Gesicht. Meine Hindu-Nachbarn beobachteten ganz genau, was der Pastor in dieser Situation machte. Johnson hat mit Ausdauer für mich gebetet. Auch wenn er sich, wie er später sagte, in dieser außergewöhnlichen Lage hilflos fühlte, vertraute er fest auf Jesus. Beharrlich betete er weiter. Mir wurde gesagt, dass ich mich sehr aggressiv verhalten habe. Und nach einiger Zeit habe es aus meinem Mund mit einer anderen Stimme gerufen: „Lass mich in Ruhe! Ich verlasse nun diese Frau!"

Johnson fragte: „Wer bist du, wie heißt du?"

Da krächzte es aus meinem Mund: „Ich bin der Geist einer Frau, die gestorben ist, als sie schwanger war. Seit sechs Jahren wohne ich nun in dieser Frau!"

Da befahl Pastor Johnson mit fester Stimme: „Im Namen des Herrn Jesus Christus, ich gebiete dir, diese Frau zu verlassen!"

Nach ein paar Augenblicken kam ich zu mir. Ringsum standen lauter Leute mit aufgerissenen Augen. Dann konnte ich mich aufsetzen, mir den Mund abwischen und sagen: „Danke Jesus. Danke, dass du mich gerettet hast!"

Von da an ging es mir wieder gut. Und kurz darauf wurde ich sogar endlich schwanger und das Kind in mir wuchs. Es war ein problemloser Verlauf, doch als die Zeit der Geburt anstand, kamen und kamen keine Wehen. Es zog sich alles viel zu lange hinaus.

Da sah ich nachts im Traum plötzlich wieder den Geist dieser Frau, der nun zu mir sagte: „Ich will nicht, dass dieses Kind zur Welt kommt!"

In meiner Not ging ich sofort zu Johnson. Der beriet sich kurz mit seiner Frau Jyothi, dann sagte er: „Wir gehen jetzt gemeinsam ins Krankenhaus, damit die Geburt unter ärztlicher Hilfe geschehen kann." So machten wir es. Nach einer ersten Untersuchung im Krankenhaus wurde gesagt, dass es dem Kind gut gehe, dass es aber noch keine Anzeichen für eine Geburt gebe. Im Krankenzimmer saßen Johnson und Jyothi neben mir am Bett und beteten für mich.

Da kamen dann endlich die ersten Wehen, ganz schwach und nur selten, aber es war ein gutes Vorzeichen für eine baldige Geburt. Eine Hebamme kam vorbei und schaute nach mir. Währenddessen mussten Johnson und Jyothi das Zimmer verlassen. Da hörten die Wehen wieder auf. Als die beiden wieder bei mir waren und beteten, kamen die Wehen wieder. Schließlich schlug der Arzt vor, einen Kaiserschnitt durchzuführen. Johnson und seine Frau blieben sogar im Operationssaal – mit Abstand – betend mit dabei. Und schließlich durfte ich das so lang ersehnte Kind in meinen Händen halten. Es war ein Sohn, und wir gaben ihm den Namen Samuel, weil er wirklich von Gott erbeten war.

Später wurde ich noch einmal schwanger und bei dieser Geburt gab es keinerlei Schwierigkeiten mehr, unsere Tochter Prema Kumari kam zu Hause ohne Komplikationen zur Welt. Heute ist sie im Nethanja-Kinderheim in Visakhapatnam, weil sie dort die gute christliche Schule von Bischof Singh besuchen kann. Sie ist so wie ich sehr begabt im Tanzen und macht im Mädchenheim bei den jungen Tänzerinnen mit.

Es war ein langer und schmerzreicher Weg, bis ich endlich Kinder bekommen durfte. Aber nun bin ich froh und setze mich ganz dafür ein, dass noch viele andere unseren starken Herrn Jesus kennenlernen und Kinder Gottes werden. Zusammen mit meinem Mann habe ich auch intensiv mitgearbeitet, dass wir die neue Kirche in Himalaram bauen konnten. Seither helfe ich regelmäßig beim Putzen mit, damit die Kirche immer einladend wirkt. Und auch im Gebetsteam bin ich dabei.

Johnson *ist Pastor und Supervisor in Himalaram. Im Buch „Der Engel in in der Rikscha" hat er davon berichtet, wie es zu dem Bau der neuen Kirche gekommen war.*

DER RETTENDE GLAUBE

Glaube an Jesus, den Herrn, und du wirst gerettet werden,
du und alle, die in deinem Haus leben!

Apostelgeschichte 16,31

Seit vielen Jahren bin ich als Pastor in Chukkapeta tätig. Es gibt immer wieder Schwierigkeiten von verschiedenen Seiten. Aber was mich in meinem Pfarrdienst ermutigt, sind die großen und kleinen Wunder, die der Herr tut. Davon möchte ich zur Ehre Gottes berichten und drei solche Erlebnisse schildern.

Im Februar 2018 haben wir die neue kleine Kirche in unserem Dorf eingeweiht, die unter der Bauleitung unseres Gemeindeglieds Sanyasi Rao und seines Sohnes Ramesh gebaut worden war. Ihr nächster Auftrag führte die beiden dann auf eine 800 Kilometer entfernte Baustelle. Dort wurde Ramesh von einer Stromleitung getroffen und stürzte vom Gerüst in die Tiefe, wobei er sich schwerste Verletzungen zuzog. Er wurde sofort in ein Krankenhaus gebracht, aber die Ärzte gaben ihm wenig Überlebenschancen. Da rief Sanyasi Rao bei mir an und schilderte die schlimme Situation, damit wir in der Gemeinde für Ramesh beten. Das haben wir natürlich sofort gemacht. Zudem habe ich im Missionszentrum in Visakhapatnam angerufen, damit auch dort im Gebetsturm für Ramesh rund um die Uhr gebetet wird. Eine der Beterinnen bekam während des Gebets einen Bibelvers aus Psalm 91,14 aufs Herz gelegt: „Weil er mit ganzer Liebe an mir hängt, will ich ihn befreien; ich hole ihn heraus aus der Gefahr, denn er kennt meinen Namen." Pastor Timoti vom Gebetsdienst hat bei mir angerufen und mir diesen Bibelvers mitgeteilt. Ich wiederum habe den sofort an Sanyasi und seine Frau weitergeleitet. Die Eltern setzten sich dann neben Rameshs Bett und haben ihm diesen Bibelvers immer wieder ins Ohr geflüstert, obwohl er ohnmächtig war. Plötzlich sagte er „Amen" und kam langsam wieder zu Bewusstsein. Von da an ging es mit der Heilung erstaunlich schnell voran. Heute ist Ramesh wieder ganz gesund und kann wieder auf den Baustellen seines Vaters mitarbeiten.

Varanama ist eine Mutter von vier Töchtern und kam vor einigen Jahren zum Glauben an Jesus Christus, seither gehört sie zu unserer Gemeinde. Sie ist jeden Sonntag beim Gottesdienst dabei und kommt freitagabends zur Gebetsstunde. Sie ist sehr treu im Glauben, aber es schmerzte sie lange Zeit, dass ihr Ehemann Apparao Jesus ablehnte und nie mit ihr in die Kirche mitkam. Immerhin ließ er sie als Christin gewähren, was nicht alle Männer tun. Manche verbieten ihren Frauen, in die Kirche zu gehen, und schlagen sie oder sperren sie zur Gottesdienstzeit zu Hause ein. So war Apparao Gott sei Dank nicht. Aber seine ablehnende Haltung blieb unverändert. Doch Varanama blieb zuversichtlich und vertraute auf das Bibelwort „Glaube an Jesus, den Herrn, und du wirst du gerettet werden, du und alle, die in deinem Haus leben!". In der Gemeinde haben wir oft für diese Familie gebetet, denn in der Nethanja-Kirche haben wir eine gute Gewohnheit: Wir geben die Hoffnung nie auf, dass auch solch ein ablehnender Mann eines Tages eine neuer Mensch durch Jesus werden kann.

Apparao arbeitet als Tagelöhner auf der Baustelle. Eines Tages bekam er mit seiner Baukolonne den Auftrag, ein altes baufälliges Gebäude abzubrechen. Weil bei uns noch viel in Handarbeit geschieht, bearbeitete er mit dem Pickel eine Wand, die es abzubrechen galt. Doch plötzlich stürzte diese ein und begrub ihn unter sich. Nur noch sein Kopf schaute heraus, der ganze Körper war von den schweren Steinen zusammengedrückt. Apparao wurde sofort ins Krankenhaus gebracht, aber die Heilungschancen sahen sehr schlecht aus angesichts der komplizierten Knochenbrüche und gequetschten Organe. Sofort haben wir die Gemeinde zum Gebet gerufen und auch im Gebetsturm im Missionszentrum wurde für ihn gebetet. Es zog sich über Monate hin, ein halbes Jahr musste Apparao im Krankenhaus bleiben. Aber in der Gemeinde haben wir unablässig für ihn gebetet, und wir haben ihn auch regelmäßig besucht. Und der Herr hat Gnade gegeben: Nach einem halben Jahr wurde Apparao vollständig genesen entlassen. Unsere Gebete und Besuche wie auch die viele Zeit im Bett hatten ihn sehr ins Nachdenken gebracht und er kam dadurch zum Glauben an Jesus. Es war bewegend zu sehen, wie dieser zuvor so schwer verletzte Mann nun auf eigenen Beinen zur Taufe ins Wasser hinabgestiegen ist.

Zu unserer Gemeinde gehört eine Witwe namens Rahel, die seit dem Tod ihres Mannes in einem kleinen alten Haus wohnt. Um ihre beiden Töchter versorgen zu können, geht sie als Händlerin von Dorf zu Dorf und verkauft Spielsachen und Schmuck. Als sie eines Abends nach Hause kam, war sie vom langen Arbeitstag sehr müde und wollte sich bald zu Bett legen. Dann aber fiel ihr ein, dass es Freitagabend war, und so entschied sie sich anders. Sie nahm ihre beiden Töchter bei der Hand und kam trotz Müdigkeit noch in unsere Kirche zum Gebetsabend. Das gemeinsame Singen und Beten tat ihr gut und sie war dankbar, diese Entscheidung getroffen zu haben.

Als sie zu Hause angekommen die Türe ihres kleinen Hauses öffnete, erschrak sie: Das Dach war eingestürzt, und schwerer Schutt lag genau auf Ihrem Bett, auf das sie sich ursprünglich hatte legen wollen. Voller Dank für diese Bewahrung ging sie auf die Knie und rief: „Gebet bewahrt vor Gefahren!" Als äußeres Zeichen ihrer großen Dankbarkeit gegenüber Gott hat sie bei der großen Pastorenkonferenz einen 25 Kilo schweren Reissack mitgebracht, mit dem arme Menschen versorgt werden konnten.

Paul *arbeitet als Pastor in Chukkapeta und Datti, zwei Dörfern in der ländlichen Tiefebene zwei Autostunden vom Missionszentrum entfernt. Er hatte das Nethanja Bible College besucht und ist seit 1995 Pastor der Nethanja-Kirche. Inzwischen ist er Vorsitzender der Pastors' Fellowship Vizianagaram.*

DER LEHRER IM ROLLSTUHL

Du zeigst mir den Weg zum Leben. Dort, wo du bist, gibt es
Freude in Fülle; ungetrübtes Glück hält deine Hand ewig bereit.
Psalm 16,11

Mein Name ist T. Satish, ich bin Dozent für Informatik am Lehrer-College in Tamaram und an der Emmanuel-Krankenpflegeschule in Kondalaagraharam. Man sieht mir sofort an, dass ich gehbehindert bin. Das ist so, seit ich denken kann. Als Baby mit sechs Monaten erkrankte ich an Kinderlähmung, auch unter dem Namen Polio bekannt. Nicht lange danach starb meine Mutter. Mein Vater hat dann wieder geheiratet, aber meine Stiefmutter lehnte mich völlig ab. So wurde ich von zu Hause weggeschickt und zu meiner Großmutter mütterlicherseits in Obhut gegeben. Dadurch brachen auch alle Kontakte zu meinem Vater ab.

Meine Oma sorgte, so gut es ging, für mich. Sie organisierte es, dass ich in die Dorfschule konnte. Dort kam ich so gut mit, dass meine Lehrer mich darin unterstützten, eine weiterführende Schule zu besuchen. So machte ich den Schulabschluss nach der 12. Klasse in Makavalipaleam, dann kam ich für drei Jahre nach Visakhapatnam ans College für Informatik, wo ich einen Bachelor-Abschluss machte. In dieser Zeit wurde ich aufgrund meiner Behinderung vom Staat finanziell unterstützt.

Nach dem Studienende arbeitete ich noch eine Zeit lang an dem College, dann aber wechselte ich nach Hyderabad, um dort weiterzustudieren. Leider blieb die mir versprochene staatliche Unterstützung aus, und so musste ich das Studium abbrechen. Daraufhin war ich arbeitslos; das war eine sehr harte Zeit für mich, auch, weil ich immer auf fremde Hilfe angewiesen bin.

In dieser schweren Zeit wurde ich von einem Freund in seine Kirchengemeinde eingeladen. Dort hat es mir sehr gut gefallen und ich habe Jesus Christus kennengelernt. Mit neuem Lebensmut kehrte ich nach Visakhapatnam zurück und fand Anschluss in einer kleinen Gemeinde. Dort ließ ich mich taufen und arbeitete in der Kirchengemeinde mit.

Weil ich noch viel mehr von Jesus und der Bibel wissen wollte, besuchte ich in Vijaiawada ein Jahr lang eine Bibelschule. Danach kam ich nach Hause zu meiner Tante, denn meine Großmutter war inzwischen verstorben. Da mein Dorf nur zwei Kilometer von Kondalaagraharam entfernt ist und ich wieder in eine Kirche gehen wollte, kam ich hierher zur Emmanuel-Nethanja-Gemeinde. Ich fragte Bischof Jeevan, ob er Arbeit für mich habe, und er stellte mich sofort als Computerlehrer an.

Gleich neben dem Lehrer-College in Tamaram liegt ja das Nethanja-Kinderheim. Dort arbeitete Mandjula als Hausmutter. Wie es sich so ergibt, haben wir beide uns kennengelernt. Ich fand sie von Anfang an sehr nett und verliebte mich in sie. Deshalb fragte ich Mandjula, ob sie meine Frau werden möchte. Zuerst hatte sie große Bedenken, ob sie mir in meiner Behinderung genügend beistehen könne. Doch nach sechs Monaten kam meine Verwandtschaft und sagte uns Unterstützung zu, falls es mal Schwierigkeiten gebe. Daraufhin konnte sich Mandjula besser auf diesen Gedanken einlassen und betete zu Gott mit der Frage, ob dies wohl ihr Weg sei. Sie machte sich viele Gedanken, nicht nur wegen meiner Behinderung, sondern auch weil ich aus einer ganz niedrigen Kaste stamme, sie aber aus einer höheren, denn das spielt bei uns in Indien nach wie vor eine große Rolle. Genau zu dieser Zeit sprach uns Bischof Jeevan an. Er sagte, er habe uns beobachtet, und wollte wissen, ob wir einander wohl lieb haben. Dieses Gespräch war für Mandjula dann das Zeichen, dass es so sein soll. Kurz darauf haben wir in der großen Kirche in Kondalaagraharam geheiratet.

Wenn ich zurückblicke, dann bin ich Gott sehr dankbar, dass er meinem Leben eine so gute Wendung gegeben hat. Als Hindu hatte ich große Fragen wegen der Zukunft, wegen meiner Behinderung und weil mein Vater mich verstoßen hatte. Aber diese große Last ist weg, seit ich Jesus nachfolge. Ich weiß mich von Gott geführt. Ich habe jetzt eine gute Arbeit, ich habe eine liebe Frau und zwei Kinder – beide sind gesund – und ich gehöre zur Nethanja-Gemeinde in Tamaram. Ich bin erfüllt von großer Freude, deshalb heißt auch unser erster Sohn Joy (= Freude).

T. Satish *ist Informatik-Dozent am Emmanuel College of Education in Tamaram.*

KEIN OPFER DER PROPAGANDA

*Du hast nur wenig Kraft, aber du hast dich nach meinem
Wort gerichtet und dich unerschrocken zu meinem Namen bekannt. Darum habe ich eine Tür vor dir geöffnet, die niemand
zuschließen kann.*

Offenbarung 3,8

Ich stamme aus einem Dorf im indischen Bundesstaat Odisha, der Andhra Pradesh benachbart ist.

Meine Eltern waren Christen und haben mich ermutigt, 1991 an eine
Bibelschule zu gehen. So kam ich ans Bible College der Nethanja-Kirche
und erhielt eine gute Ausbildung. Danach ging ich als Evangelist zurück
in meine Heimat und habe zehn Jahre lang vielen Menschen von Jesus
Christus erzählt. In dem Dorf Kendhuguda wurde meine Botschaft so
gut angenommen, dass ich mich dort niederließ und gemeinsam mit den
ersten Christen eine Gemeinde gründete. Als Pastor habe ich viele Jahre
dort gewirkt, aber es war immer wieder sehr gefährlich, denn wir Christen wurden von drei Seiten kritisch beargwöhnt: von der maoistischen
Terrorbewegung der Naxaliten, von den radikalen Hindus und von der
Polizei. Weil unser Dorf abgelegen war, kamen regelmäßig über dreißig
Terroristen zu uns und haben meine Frau gezwungen, für sie zu kochen.
Die Folge war, dass wir als Familie manchmal nicht mehr genügend für
uns selbst zu essen hatten. Hätten wir uns geweigert, hätten sie uns getö-

tet. Und die Polizei in unserer Gegend ist machtlos, weil die Terroristen mit ihrer Guerillataktik sehr stark sind.

Vor acht Jahren wurde ich Opfer eines besonders perfiden Plans: Einige radikale Hindus, die in Odisha sehr stark sind, kamen nachts zu siebt in mein Haus, haben mich bewusstlos geschlagen, dann gefesselt und entführt. Sie brachten mich in die nächste Stadt zur Polizeistation und haben mich bei der Polizei als Unterstützer der Naxaliten angezeigt. Im Verhör habe ich zugegeben, dass ich von den Terroristen immer wieder gezwungen worden war, ihnen Essen zu geben, aber dass ich jede Gewalt ablehne und nie und nimmer ein Unterstützer der Naxaliten sei. Die Polizisten akzeptierten meine Aussage nicht, sie wollten einen raschen Fahndungserfolg haben und so zwangen sie mich, dass ich mich vor laufender Kamera als Terror-Unterstützer bezeichne.

Aber ich habe das verneint und laut gerufen: „Ich bin ein Pastor der Kirche unseres Herrn Jesus! Gott liebt alle Menschen und er will Frieden und Versöhnung!"

Sie brachen die Videoaufzeichnung ab und wollten es nun genauer wissen. Sie fragten, zu welcher Kirche ich denn gehöre. Zuerst wollte ich es nicht so genau sagen, um meine Gemeinde nicht zu gefährden, aber schließlich bekannte ich mich zur Nethanja-Kirche. Ärgerlich darüber, dass sie mich nicht als Terroristen oder wenigstens als deren Unterstützer anklagen konnten, sperrten sie mich sechs Tage in einer Zelle ein. Von dem Essen, das sie mir brachten, habe ich jedoch nichts genommen, sondern bewusst gefastet und gebetet. Endlich öffnete sich die Zellentür wieder und ein Polizist sagte, ich könne gehen.

Aber kaum hatte ich das Polizeigebäude verlassen, wurde ich von meinen Entführern wieder gepackt und geschlagen. Sie zogen mir meine Kleider aus und zogen mir typische Naxalitenkleidung an. Dann banden sie mich an einen Baum. Sie hatten mit der Polizei vereinbart, dass sie für die Presse eine Inszenierung machen, als sei einer der Naxaliten erwischt und dann auf der Flucht erschossen worden. Als ich an den Baum gefesselt stand, kam aus dem Gebäude ein Trupp Polizisten mit Gewehren heraus. Sie stellten sich im Halbkreis um mich auf und legten ihre Waffen auf mich an. Aber auf einmal rief einer der Polizisten laut: „Halt, ich kenne den Mann. Der ist wirklich ein christlicher Pastor, ich war bei ihm schon mal im Gottesdienst!"

Erstaunt gab der Offizier den Befehl, die Waffen herunterzunehmen und mich freizulassen. So konnte ich als freier Mann nach Hause zurückkehren. Gott hatte dieses gemeine Spiel gestoppt und mich nicht zum Opfer falscher Propaganda werden lassen.

Aber weil es dort in Odisha weiterhin so gefährlich für mich war und ich mich um meine Familie sorgte, hat mir Bischof Singh eine neue Gemeinde jenseits des Silerflusses in Andhra Pradesh anvertraut, wo es für uns sicherer ist.

Bahgawandas *ist Pastor in Parvathinagar und freut sich, dass Gott in gefährlichen Situationen eingreift. Sein Name bedeutet „Knecht Gottes".*

VON DER TERRORISTENBRAUT ZUM GOTTESKIND

Bleibt unter dem Schutz der Liebe Gottes und richtet eure Hoffnung ganz auf die Barmherzigkeit von Jesus Christus, unserem Herrn, der uns das ewige Leben schenken wird. Habt Erbarmen mit denen unter euch, die in ihrem Glauben unsicher sind.

Judas 21-22

Ich heiße Satya und komme aus dem Silerdschungel. Meine Familie war sehr arm und daher richtig dankbar, als eines Tages ein Nethanja-Pastor meinen Eltern angeboten hat, Bischof Singh zu fragen, ob ich nicht in das Mädchenheim in Visakhapatnam kommen könne. Einige Wochen später kam er wieder mit der Nachricht, dass ich ab dem neuen Schuljahr Mitte Juni dort aufgenommen werde. Meine Eltern waren darüber sehr glücklich, weil es für sie gleich eine dreifache Erleichterung bedeutete: 1. Ich bekam jeden Tag drei Mahlzeiten, was es daheim oft nicht gab. 2. Ich konnte nach der Grundschule an die weiterführende Schule gehen, was es in unserem Dorf nicht gab. 3. Ich war sicher vor den Naxaliten und vor Männern, die junge Mädchen vergewaltigen.

Im Mädchenheim hatte ich mich schnell eingewöhnt, es war sehr schön, mit den anderen Mädchen spielen und lachen zu können. Damals gab es die christliche Nethanja-Schule noch nicht und wir mussten an eine staatliche Schule gehen. Dort war es nicht immer schön, die Lehrer haben uns Kinderheimkinder oft benachteiligt und die Mitschüler haben uns geärgert. Aber wir hielten zusammen, und so haben wir das ganz gut durchgestanden.

In den Sommerferien konnte ich immer nach Hause fahren und die heißen Monate bei meiner Familie im etwas kühleren Dschungel verbringen. Es waren insgesamt etwa vier Jahre, dass ich im Nethanja-Mädchenheim war. Dann habe ich die Nachricht bekommen, dass es meinen Eltern nicht gut geht und ich rasch nach Hause kommen soll. Mit den öffentlichen Bussen dauerte es eine ganze Weile, bis ich endlich daheim ankam. Da waren die beiden bereits verstorben. Eine unendlich große Trauer grub sich in mein Herz, ich war so einsam und verlassen. Und in mir wuchs eine große Wut auf Gott, weil er mir meine Eltern genommen und deren Tod nicht verhindert hatte. Deshalb blieb ich in unserem Dorf und wollte nicht mehr zurück in das christliche Heim, wo zu diesem Gott gebetet wurde, der das zugelassen hat.

Aber so ganz auf mich allein gestellt, ging es nicht lange gut. Wieder einmal kam ein Trupp Naxaliten in unser Dorf, um Nahrungsmittel zu stehlen oder zu erpressen. Zugleich suchten sie auch nach jungen Frauen für ihre Kämpfer. Ich konnte ihnen nicht entrinnen und so wurde ich gezwungen, bei ihnen mitzumachen. Ich wurde mit einem der Terroristen verheiratet und ich hoffte vergeblich, dass es mir dadurch endlich besser geht. Nach wie vor hatte ich große Zweifel an Gott, aber die Gewalttätigkeit meines Mannes und seiner Terroristen hat mir auch nicht gefallen. Wir lebten in großer Armut, ständig unterwegs im Dschungel, selten mit genügend Essen. Drei Kinder haben wir bekommen. Ein Sohn wurde uns gestohlen und von einem Medizinmann der Stammesleute deren Göttern als Opfer dargebracht.

Das brachte mich noch mehr durcheinander, ich war sehr verzweifelt und wusste gar nicht mehr, wohin ich gehöre und ob es Gott überhaupt gibt. In dieser Zeit hat mich Pastor Mohan besucht und mich eingeladen, in die Kirche zu kommen. Zu Weihnachten ging ich dann hin, weil ich noch so gute Erinnerungen an das Christfest im Kinderheim hatte. Ich nahm meine beiden Kinder mit, aber sie waren nackt, weil wir so arm waren und keine Kleidung für sie hatten. Verschämt setzte ich mich mit meinen Kindern ganz hinten in die kleine Kirchenhütte.

Die Lieder und die vielen freundlichen Gesichter haben mir so gutgetan, etwas völlig Verschüttetes kam in mir wieder zum Vorschein. Und als dann der Pastor davon erzählte, wie Gott in seinem Sohn Jesus als kleines nacktes Baby auf die Welt kam, weil er uns so sehr liebt, da musste ich mich für meine nackten Kinder nicht mehr schämen. Wenn selbst Gott nackt sein konnte, dann durften das meine Kinder auch.

Am Ende des Gottesdienstes kam die Frau von Pastor Mohan zu mir und schenkte mir zwei Decken, die meine Kinder um sich wickeln konnten. Zu Hause erzählte ich meinem Mann, was ich bei den Christen erlebt hatte. Er war völlig dagegen und fragte kritisch, was denn durch diesen Jesus anders werden soll. Es sei besser, aktiv gegen ungerechte Verhältnisse zu kämpfen, als süßliche Reden über Gott anzuhören. Aber von da an ging ich regelmäßig mit meinen Kindern zu den Gottesdiensten.

Dort spürte ich, dass mich niemand verachtete, obwohl ich zu den Naxaliten gehörte; das wussten alle, aber niemand brachte es zur Sprache.

Pastor Mohan hat in der Gemeinde einen Unterricht für Erwachsene angeboten und so konnte ich meine abgebrochene Schulausbildung fortsetzen und nach zwei Jahren auch abschließen. Mein Leben wurde völlig neu, als ich es schließlich wagte, die alte Wut und meine große Verzweiflung bei Jesus abzuladen. Dann ließ ich mich taufen. Und Gott schenkte mir in der Taufe neues Leben, neue Hoffnung, neue Kraft.

Schließlich bin ich zur Polizei gegangen und habe uns selbst als Naxaliten angezeigt, weil ich deren Gewalt nicht mehr ausgehalten habe. Weil es ein Amnestieprogramm unseres Staates gibt für Terroristen, die sich freiwillig vom Kampf abwenden, ging ich straffrei aus. Kurz darauf bekam ich eine Anstellung als Lehrerin an der staatlichen Grundschule und konnte von da an nicht nur für meine Kinder sorgen, sondern sie zusammen mit vielen anderen Kindern auch unterrichten.

Immer öfter kamen mir Spiele und Lieder aus meiner Zeit im Mädchenheim in Erinnerung, die ich mit den Schulkindern dann auch spielte und sang.

Und Jesus hat ein weiteres Wunder geschenkt: Auch mein Mann kam zum Glauben an den lebendigen Gott und beendete seine Mitgliedschaft bei den Naxaliten. Einen Mann aus unserer Gemeinde hat das so bewegt, dass er uns sogar eine Autorikscha finanziert hat, mit der mein Mann seither Geld verdient. Inzwischen geht es unserer Familie richtig gut, wir leben in einem kleinen Haus, und unsere Kinder dürfen in einer geborgenen Atmosphäre aufwachsen. Pastor Mohan hat mich noch weiter in der Bibel unterrichtet und nun arbeite ich ehrenamtlich als Bibelfrau in unserem Dorf und betreue etwa 30 Familien seelsorgerlich.

Satya *lebt mit ihrer Familie in dem Dschungeldorf Degarapalli. Als ich sie nach ihrem bewegenden Lebensbericht fotografieren wollte, hat sie das nicht zugelassen, weil sie als ehemalige Naxalitin weder den Terroristen noch den staatlichen Behörden irgendwie auffallen will. Aber ihr Lächeln bleibt auch ohne Foto unvergessen.*

DER HIOB DES DSCHUNGELS

Wenn er zu mir ruft, werde ich ihm antworten. In Zeiten der Not stehe ich ihm bei, ja, ich reiße ihn heraus und bringe ihn zu Ehren.

Psalm 91,15

Rao gehört schon seit vielen Jahren zu unserer Gemeinde. Er hatte sich einst als Einziger aus seiner Familie taufen lassen und sein Leben ganz bewusst an biblischen Maßstäben ausgerichtet. Der Alkohol, früher sein Begleiter, durfte in seinem Leben keine Rolle mehr spielen, so entschied er und arbeitete fleißig in seiner Landwirtschaft. An üblichen kleinen Betrügereien beteiligte er sich nicht mehr. Und Gott schenkte ihm eine gute Gesundheit sowie Gelingen im wirtschaftlichen Handeln. So kam er sogar zu einem kleinen Wohlstand und unterstützte unsere Gemeinde, als es darum ging, die kleine Kirche zu vergrößern. Zusammen mit seiner Frau konnte er sich über schöne und gesunde Kinder freuen, doch es blieb ihm ein großer Schmerz. Nämlich, dass nach wie vor niemand aus seiner Familie an Jesus glaubte.

Vor zwei Monaten wurde Rao plötzlich sehr krank, es juckte ihn auf der ganzen Haut und überall brachen offene Geschwüre auf. Sein Magen und Darm spielten verrückt, sodass er nichts mehr essen konnte. Seine Familie und alle Dorfbewohner sagten: „Er ist von einem bösen Geist besessen, weil er sich von unseren Göttern abgewendet hat!" Der

Zauberpriester kam und befahl, ihn in Asche zu setzen, dann begann er, magische Beschwörungsformeln über ihm auszusprechen und ein Huhn zu schlachten, um ihn mit dem frischen Blut zu besprengen. Aber Rao widersetzte sich, er wollte keine solchen Riten haben, weil er Christ ist. Er erklärte laut: „Ich habe so viel Gutes von Jesus erfahren, nun bin auch bereit, diese Leiden anzunehmen. So wie mein Herr Jesus gelitten hat, ertrage auch ich diese Leiden." Aber seine Frau und seine Kinder konnten das nicht akzeptieren. Sie schüttelten ihre Köpfe und bedrängten ihn, diese Zauberriten vollziehen zu lassen.

Als wir von der Gemeinde ihn besuchten, bat er uns, ihm doch zu helfen, dass er von diesem Götzendienst loskommt. Er wollte so gerne mal wieder in die Kirche kommen, aber das war in seinem schwachen Zustand nicht möglich. Also haben wir uns regelmäßig bei ihm getroffen und uns neben ihn zum Gebet gekniet. Und auch bei unseren Gebetsabenden haben wir viel für ihn gebetet. Aber Rao wurde immer schwächer, er blutete aus allen Wunden und verlor dadurch sehr viel Blut. Er trug nur noch Lumpen, die blutgetränkt waren und stanken. Doch wenn wir miteinander beteten, hat er Gott nie angeklagt. Jedes Mal bat er mich, ihm aus den Psalmen vorzulesen.

Als ich mich letzte Woche auf den Weg zu ihm machte, fürchtete ich, ihn in noch elenderem Zustand anzutreffen. Aber – ich traute meinen Augen nicht – Rao saß in schönen frischen Kleidern fröhlich vor seinem Haus und hat in den Psalmen gelesen; laut betete er gerade Psalm 91. Als er mich sah, erhob er sich und strahlte mich an. „Gestern Mittag ging es mir auf einmal wieder gut. Es juckte und blutete nicht mehr, die Schmerzen waren weg und plötzlich hatte ich Appetit. Ich konnte aufstehen, nahm eine Eimerdusche und meine Frau kochte mir ein leckeres Chicken-Curry. Zum ersten Mal in ihrem Leben hat sie gemeinsam mit mir zu unserem Herrn Jesus gebetet und ihm laut gedankt. Und nächsten Sonntag komme ich wieder in die Kirche!"

Während wir dastanden und redeten, kamen viele von den Nachbarn und staunten genauso wie ich. Rao bezeugte, wie Gott nach der schweren Zeit ein Wunder an ihm getan hatte, und lud alle in den nächsten Gottesdienst ein. In unserer völlig überfüllten Kirche feierten wir mit Rao einen bewegenden Dankgottesdienst. Seine Frau und viele im Dorf kamen durch diese Begebenheit zum Glauben an Jesus Christus und werden sich bei der nächsten Gelegenheit taufen lassen. Durch Raos Leiden fanden nun so viele zu Jesus, dass er wie Hiob nach langem Leiden am Ende mit vielen Kindern beschenkt wurde.

Simon Vantala *ist Pastor in Petapadu, mitten im Silerdschungel, und unterstützt Supervisor Sundhar Rao in der Leitung der Varthanapalli Pastors' Fellowship.*

DIE FLÖTENKINDER

Der HERR hat mir geholfen, darum wollen wir singen und spielen, solange wir leben, im Hause des HERRN!

Jesaja 38,20

Poch, poch ... Es klopft an die gelb-grün gestrichene Holztür meines kleinen Appartements. Ich öffne die Tür und blicke in die etwas schüchtern lächelnden braunen Augen von Anurhada und Lilima: „Sister ...“ Sie halten mir ihre zur Schale geformten zarten Hände hin, gefüllt mit fünf bunten Bonbons. Ihr Abschiedsgeschenk, unendlich kostbar, für sie und für mich!

Nach einer intensiven Unterrichtswoche, Blockflöte und Notenlehre, erlebten wir eine spannende Abschlussveranstaltung vor sämtlichen Lehrern und Schülern, mindestens fünfhundert Menschen drängten sich im Innenhof der Schule dicht an dicht.

Zwei Mädchen, Padma und Tanusha, begrüßen das Publikum und führen dann durch die einzelnen Programmpunkte des Festes. Ich staune über ihr selbstbewusstes Auftreten und gekonntes Moderieren. Herrliche Tänze in farbenprächtigen Kleidern werden von einigen Mädchen souverän aufgeführt, coole Choreografien von smarten Jungs in Jeans, Dankesreden über den Unterricht von Flötenschülerinnen gehalten, ebenso von Bischof Jeevan Komanapalli.

Dann kommen die Lieder auf der Blockflöte dran. Aufgeregt und fröhlich trappeln einhundertzwanzig nackte Füße auf die Bühne nach vorne, drängeln und schieben sich auf den knappen Quadratmetern hin und her, finden schließlich ihre abgesprochene Position und warten gespannt auf mein Einsatzzeichen. Es wird still und ich gebe das Tempo des flotten Begrüßungsliedes mit Schnipsen und Zählen an, „1-2-3-4".

„Hello everybody, hello everybody …", schallt es aus sechzig kraftvollen Kinderkehlen. Dann kommt der Wechsel: Jedes Kind greift nach seiner Blockflöte und spielt die Melodie wie selbstverständlich mit. Es folgen „Jesus Christ is Lord, Hallelujah, he loves you and me" und andere Lieder. Die Kinder spielen und singen begeistert, sind rhythmisch sicher, und führen die eingeübten Tanzschritte mit Leichtigkeit aus. Hinzu kommen die zu den Texten passenden, von uns gemeinsam überlegten Bewegungen. Den Abschluss bildet das erklärte Lieblingslied aller: „Dancing in the lovely rain". – Es gibt viel Applaus für alle Darbietungen. Was für ein Fest und welche Wertschätzung für diese wunderbaren Kinder!

Manche Lebensgeschichten der Kinder haben mich tief berührt. Zum Beispiel Joslina, die als Kleinkind von ihrer Mutter verlassen und ihrem alkoholkranken Vater überlassen wurde. Ihr Großvater nahm sie schließlich auf, versorgte sie sieben Jahre und brachte sie später in dieses Mädchenheim. Ein wunderschönes Mädchen mit einem tiefernsten, schüchternen Blick in den dunklen Augen. Oder Uma, Anurhada und eine weitere Schwester, die alle drei von ihrer Mutter im Kinderheim abgegeben wurden. Der Vater ebenfalls Alkoholiker.

Die Verabschiedung am nächsten Tag ist herzlich und es fließen einige Tränen. Nach rund drei Stunden Autofahrt komme ich an in Visakhapatnam, dem nächsten Einsatzort für die Blockflötenworkshops. Mit viel Hallo der Kinder, einem großen Willkommensplakat und dem süß duftenden traditionellen Blumenkranz werde ich empfangen. Hier in Visakhapatnam gibt es ebenso Kinder mit sehr traurigen Schicksalen. Zum Beispiel Divia, die als Zweijährige miterlebte, wie ihr Vater vor ihren Augen die Mutter tötete, nur knapp von der Großmutter vor ihm gerettet und dann zu Bischof Singh gebracht wurde.

Am nächsten Tag starte ich sechs Zehnergruppen mit jeweils einer Stunde Unterricht pro Tag. Ich habe einen Schulraum mit Tafel und einem Keyboard zur Verfügung. Sechzig neue klangvolle Namen sind zu lernen, Namen wie aus 1001 Nacht: Pravalika, Akshaya, Prema, Steeven Raj, Harsha Vardhan, Ganesh, Bushan, Sardhya … Sobald ich mir die Namen merke und ein Mädchen oder einen Jungen mit seinem Namen ansprechen kann, strahlen sie oder lachen sich auch mal über meine lustige Aussprache kaputt. An diesem Ort sind alle Schüler Anfänger, und ich verteile die nagelneuen schönen Blockflöten, die ohne Kontrolle, dem Herrn sei Dank, durch den Zoll am Flughafen in Delhi gingen. Für einige Kinder ist es wie Weihnachten: Sie fragen noch am nächsten und darauffolgenden Tag immer wieder, ob sie die Flöten wirklich behalten dürfen.

Die ersten selbst erzeugten Töne auf der Flöte sind ein Erlebnis: Mahesh pustet vorsichtig in die Öffnung am Mundloch des Flötenkopfes, ein leiser Ton formt sich. Sofort setzt er erschrocken die Flöte ab. Aber dann strahlt er über beide Ohren: Er selbst hat dieses Instrument zum Schwingen gebracht! Dann gibt es kein Halten mehr. Ein neuer, lauterer Ton erklingt, weitere folgen, tiefe kehlige, hohe, schrille, bis es quietscht. Unterschiedlichste Klänge füllen den Raum, lebendig und laut. Zwischendurch erschallt das Lachen der Kinder, und offenes Staunen. Herrlich ist es, ihre Freude zu erleben.

Matthew, Lehrer und Musiker, übersetzt meinen Unterricht von Englisch auf Telugu. Aber nach kurzer Zeit verstehen wir uns alle mit Zeichensprache, benötigen nur wenige Worte. Kishore, ebenfalls Musiker und Lehrer, hilft beim Organisieren der Kindergruppen für diesen Extra-Unterricht. Sie werden jeweils aus ihrem Klassenraum geholt und stehen pünktlich bereit.

Mit Singen, Klatschen, Rhythmusspielen und Übungen lernen die

Kinder wie die Weltmeister. Nach vier Tagen spielen sie bereits vier Lieder. Eifrig und konzentriert trainieren sie mit ihren geschickten Händen die Griffwechsel. Morgens gegen 5.45 Uhr höre ich schon die ersten Kinder in verschiedenen Ecken des Geländes üben. Das fröhliche Durcheinander der Melodien in der Morgensonne erfüllt den neuen Tag, die Wiesen und Schlafsäle – und mein Herz mit großer Freude und Dankbarkeit.

Die äußeren Umstände des Unterrichtens sind in vieler Hinsicht anders als bei uns: Die drei Ventilatoren im Raum erzeugen ständigen Lärm. Draußen schüttet es wie aus Kübeln, was zu häufigem Stromausfall führt. Plötzlich ist es dunkel, das Keyboard stumm und die Ventilatoren fallen aus. Zwischendurch kommt auch mal ein Hund zu Besuch, läuft durch den Klassenraum nach vorne, um mich kennenzulernen. Ein anderes Mal sehe ich ein ausgewachsenes Schwein quiekend über den Schulhof rennen, gefolgt von einem kläffenden Straßenköter.

Die Abschlussveranstaltung nach dieser Unterrichtswoche findet in der Kirche statt. Die Kinder haben sich vorbereitet und wieder wunderschön herausgeputzt: die Mädchen mit ihren seidigen Kleidern und den hübschen Frisuren ihrer glänzend schwarzen Haare, die Jungs mit bunten Hemden und coolen Jeans. Es gibt eine Generalprobe, bei der wir den Auf- und Abgang auf die Bühne proben. Die Kinder werden nach Größe sortiert und so aufgestellt, dass jedes Kind zu sehen ist. Eine gewisse Nervosität ist zu spüren, aber auch ein glücklicher Stolz über diese Aufführung in der großen Kirche, vor vielen Hundert Zuhörern.

John Paul stöpselt das Keyboard ein, das heißt, er nimmt zwei offene Kabel und sticht diese in die zwei Löcher der geflickten Steckdose. Funken blitzen auf und es knistert unangenehm. Ich versuche mich mit meinen nackten Füßen möglichst fern von diesen Drähten und ungewöhnlichen Steckprovisorien zu halten, was aber beim Keyboardspielen und Pedalbedienen kaum möglich ist. Die Jungs lächeln nur, als sie mein Erschrecken feststellen. Für sie ist dieser Umgang mit Elektrizität das Normalste der Welt.

Die Kirche ist voll. Alles passt wunderbar zusammen, die Lieder, die Bibelstellen und Ansprachen, die Gebetszeit, und ich staune über „meine" wunderbaren, konzentrierten Schüler, die alle Einsätze hinbekommen, toll flöten und mit herrlichen Gesangsstimmen die große Kirche erfüllen.

Dieses Bild vor Augen, denke ich: Ja, Lernen kostet Kraft, bedeutet Arbeit, Anstrengung – aber daraus entstehen Frucht und Freude, und in diesem Fall herrliche Musik! Wenn Gott uns unterrichtet, kostet es manchmal Kraft und Anstrengung, die Schule des Lebens kann sehr hart sein. Aber wenn wir lernbereit sind, entsteht daraus Frucht! Er lehrt uns aus Liebe!

Rana Lakshmi sagte auf der Verabschiedungsfeier mit bescheidenem Stolz: „Ich hätte nie gedacht, dass ich einmal Flöte spielen lernen könnte. Aber jetzt kann ich zu Hause erzählen, dass ich dieses Instrument spielen kann."

Die Regenzeit in Indien klingt langsam aus, der Regen trommelt mit weniger Wucht auf das Blechdach vor meinem Zimmer. Die Luft scheint mit unzähligen winzig kleinen Wassertröpfchen gefüllt zu sein. Dem Regen folgen wieder Wachstum und Frucht. Dies wünsche ich den Kindern in Tamaram, Visakhapatnam, Rajahmundry und Narsapur: dass Jesus weiter seine Liebe, dass Gott seinen Heiligen Geist auf sie regnen lässt, sodass sie wachsen und Frucht bringen können. Und dass das Flötespielen sie weiter mit Freude und Selbstbewusstsein erfüllt, sie weiterhin die Lieder singen und im Herzen bewegen.

„Dancing in the lovely rain, water on the ground and grain,
raindrops tickling in my face, like a symbol of saviour's grace!", höre ich Anurhada singen. – Tanzen im lieblichen Regen, Wasser aufs Erdreich, für gute Ernte, Regentropfen kitzeln mein Gesicht, wie ein Symbol der Gnade des Retters!

Esther Hucks *lebt mit ihrem Mann in Siegen, ist Musikerin, Musikpädagogin und Nethanja-Freundin. Schon zweimal ist sie mit vielen gespendeten Flöten im Gepäck nach Indien gereist, um den Kinderheimkindern mit Flötenunterricht eine Freude zu bereiten.*

Christoph Zehendner

NAMASTE – DU BIST GESEHEN!

Abenteuer*Mutmach*Hoffnungs-Geschichten
aus Indien

224 Seiten + 16 Fotoseiten, gebunden
ISBN Buch 978-3-7655-0979-7
ISBN E-Book 978-3-7655-7498-6
ISBN Hörbuch 978-3-7655-8713-9

Kommen Sie mit auf eine Reise mit Christoph Zehendner und mit Singh Komanapalli, dem „Bischof der Hoffnung". Erleben Sie mit, wie aus einer Einladung zum Abendessen in Deutschland in Indien erst ein kleines Kinderheim entsteht, dann mehrere große, dann Schulen, Krankenhäuser, Ausbildung … und eine Kirche – mit inzwischen 120.000 Gottesdienstbesuchern in 1.500 Gemeinden.

„Ein eindrückliches Zeugnis von gelebter Nächstenliebe, Zivilcourage und Offenheit für andere Kulturen … Ein Blick, der verändert, der nachdenklich macht und für uns alle sehr bereichernd ist."
Winfried Kretschmann, Ministerpräsident des Landes Baden-Württemberg

„Da lebt einer Gastfreundschaft … und setzt eine Bewegung in Gang, die etwas Großartiges schafft!"
Ulrich Eggers, Vorsitzender Willow Creek Deutschland

„Ein Buch, das man nicht lesen kann, ohne dass es das eigene Leben verändert."
Iris Völlnagel, ARD-Journalistin, Indienkennerin

BRUNNEN VERLAG GIESSEN
www.brunnen-verlag.de